Fischer TaschenBibliothek

Alle Titel im Taschenformat finden Sie unter:
www.fischer-taschenbibliothek.de

Nobelpreis für Literatur 2013

Alice Munro ist die Meisterin der Ambivalenz: Komik und Tragik, scheinbar Alltägliches und Schicksalhaftes oszillieren in ihren Geschichten in immer neuer Intensität. Wie alle Geschichten der Autorin haben auch die vier Erzählungen dieses Bandes eine unheimliche Unterströmung; sie spielen mit der Irritation von Zeitverschiebung und Perspektivenwechsel und locken den Leser mit Andeutung und Aussparung in das Reich dunkler Ahnungen. »Immer sind es emotionale Verstrickungen, aus dem Lot geratene Gefühle, die die kanadische Autorin auf wunderbare Weise vor ihren Lesern entwirrt.« (Manuela Reichart)

In der Titelgeschichte ›Der Traum meiner Mutter‹ inszeniert Alice Munro mit feinem Gespür für Spannungen den erbitterten Machtkampf zwischen Säugling und Mutter, der um ein Haar in eine häusliche Katastrophe führt. »Literarische Wunder« hat die ›New York Times‹ Munros Erzählungen genannt – Geschichten, so komplex wie Romane, Kammerspiele des Gefühls, Geschichten, die wie Idyllen beginnen und sich auf den Abgrund zubewegen.

Alice Munro

Der Traum meiner Mutter

Erzählungen

Aus dem Englischen von
Heidi Zerning

Mit einem Nachwort von
Judith Hermann

FISCHER TaschenBibliothek

Erschienen bei FISCHER Taschenbuch
Frankfurt am Main, November 2014

Die hier vorliegenden Erzählungen erschienen
im Original 1998 zusammen mit vier weiteren Erzählungen
der Autorin (›Die Liebe einer Frau‹, ›Jakarta‹, ›Cortes Island‹,
›Einzig der Schnitter‹) in dem Band ›The Love of a Good Woman‹
bei Alfred A. Knopf, New York.
Eine deutsche Übersetzung der zuletzt genannten Erzählungen
hat der Fischer Taschenbuch Verlag unter dem Titel
›Die Liebe einer Frau‹ veröffentlicht.

Umschlaggestaltung: Hißmann, Heilmann, Hamburg
Umschlagabbildung: Leanne Shapton
Satz: Fotosatz Amann, Memmingen
Druck und Bindung: CPI books GmbH, Leck
Printed in Germany
ISBN 978-3-596-50377-3

Für Ann Close,
meine Lektorin und Freundin

Inhalt

Der Traum meiner Mutter

In der Nacht – oder in der Zeit, in der sie geschlafen hatte – war eine dicke Schicht Schnee gefallen.

Meine Mutter stand an einem großen Bogenfenster, wie man es in einem Herrenhaus oder einem altmodischen öffentlichen Gebäude findet, und sah hinaus. Sie blickte auf Wiesen und Sträucher, auf Hecken, Blumengärten und Bäume, alle mit Schnee bedeckt, der in Polstern und Kissen lag, nicht vom Wind verweht oder geebnet. Sein Weiß tat den Augen nicht weh, wie im Sonnenlicht. Es war das Weiß von Schnee unter einem klaren Himmel kurz vor Tagesanbruch. Alles war still, so still wie in der Heiligen Nacht.

Doch etwas stimmte nicht. Die Szene hatte einen Fehler. Alle Bäume, alle Sträucher und Stauden standen in vollem Sommerlaub. Das Gras unter ihnen, an vor dem Schnee geschützten Stellen, war frisch und grün. Schnee hatte sich über Nacht auf die Fülle des Sommers gesenkt. Ein Wechsel der Jahreszeit, unerklärlich, unerwartet. Auch waren alle fortgegangen – obwohl unklar blieb, wer »alle« waren, und meine Mutter war ganz allein in dem hohen, geräumigen Haus inmitten seiner Garten- und Parkanlagen.

Sie dachte, was auch geschehen war, man würde es ihr sicher bald mitteilen. Doch niemand kam. Das Telefon klingelte nicht; die Gartenpforte wurde nicht geöffnet. Sie konnte keinen Verkehrslärm hören, sie wusste nicht einmal, in welcher Richtung die Straße lag – oder der Weg, falls sie draußen auf dem Lande war. Sie musste aus dem Haus hinaus, in dem die Luft schwer und stickig war.

Als sie herauskam, fiel es ihr wieder ein. Sie erinnerte sich, dass sie das Baby irgendwo draußen gelassen hatte, bevor der Schnee gefallen war. Lange, bevor der Schnee gefallen war. Diese Erinnerung, diese Gewissheit überkam sie mit Entsetzen. Es war, als erwachte sie aus einem Traum. Innerhalb ihres Traums erwachte sie aus einem Traum, zu einem Wissen von ihrer Verantwortung und ihrem Fehler. Sie hatte ihr Baby über Nacht draußen gelassen, sie hatte es vergessen. Es irgendwo liegen lassen, wie eine Puppe, die ihr langweilig geworden war. Und vielleicht hatte sie das nicht am vorigen Abend, sondern vor einer Woche oder vor einem Monat getan. Eine ganze Jahreszeit oder mehrere Jahreszeiten lang hatte sie ihr Baby draußen gelassen. Sie war mit anderem beschäftigt gewesen. Es konnte sogar sein, dass sie von hier weggefahren und gerade erst zurückgekommen war, ohne zu wissen, zu was sie zurückkehrte.

Sie ging umher und suchte unter Hecken und breitblättrigen Stauden. Sie hatte vor Augen, wie stark das Baby eingeschrumpft sein musste. Tot, braun und verschrumpelt, sein Kopf wie eine Nuss, auf seinem winzigen, verschlossenen Gesicht ein Ausdruck nicht der Qual, sondern von schmerzlichem Verlust, von lange und geduldig ertragenem Leid. Keinerlei Anklage gegen sie, seine Mutter – nur diese Miene der Geduld und der Hilflosigkeit, mit der es auf seine Rettung oder sein Schicksal gewartet hatte.

Kummer ergriff meine Mutter, Mitgefühl mit dem Baby, wie es gewartet und nicht gewusst hatte, dass es auf sie wartete, seine einzige Hoffnung, während sie es völlig vergessen hatte. Ein Baby, noch so klein, dass es dem Schnee hilflos ausgeliefert war. Vor Kummer konnte sie kaum atmen. In ihr würde nie wieder Raum für irgendetwas anderes sein. Nur noch Raum für die Erkenntnis, was sie getan hatte.

Welch eine Erlösung für sie, ihr Baby in seiner Wiege zu finden. Auf dem Bauch liegend, den Kopf zur Seite gewandt, seine Haut hell und zart wie Schneeglöckchen, der Flaum auf seinem Kopf rötlich wie die Morgendämmerung. Rotes Haar wie ihr eigenes, also unverkennbar ihr Baby, und gesund und munter. Die Freude, Vergebung zu finden.

Der Schnee und die belaubten Gärten und das fremde Haus waren verschwunden. Das einzig Weiße war die Decke in der Wiege. Eine Babydecke aus dünner, weißer Wolle, vom nackten Rücken des Babys heruntergerutscht. In der Hitze, der wirklichen Sommerhitze, hatte das Baby nur eine Windel und darüber ein Plastikhöschen an, damit das Laken trocken blieb. Das Plastikhöschen war mit Schmetterlingen gemustert.

Meine Mutter, die zweifellos noch an den Schnee dachte und an die Kälte, die den Schnee für gewöhnlich begleitet, zog die Decke hoch über den bloßen Rücken, die Schultern, den mit rotem Flaum bedeckten Hinterkopf.

Es ist früher Morgen, als dies in der wirklichen Welt geschieht. Der Welt im Juli 1945. Zu einer Tageszeit, zu der es sonst an jedem anderen Morgen seine erste Mahlzeit fordert, schläft das Baby weiter. Meine Mutter ist zwar auf den Beinen und hat die Augen offen, ist aber viel zu schlaftrunken, um sich darüber zu wundern. Baby und Mutter sind erschöpft von einem langen Zweikampf, und die Mutter hat sogar das für den Augenblick vergessen. Einige Schaltkreise sind lahm gelegt; undurchdringliche Stille hat sich auf ihr Hirn und das ihres Babys gesenkt. Die Mutter – meine Mutter – merkt nichts von dem Tageslicht, das immer heller wird. Sie begreift nicht, dass die Sonne aufgeht, während sie dort steht. Keinerlei Erinnerungen an den Tag zuvor oder an das, was um Mitternacht geschah, rüttelten sie wach. Sie zieht die Decke über den Kopf ihres Babys, über sein sanftes, zufrieden schlafendes Profil. Sie tappt in ihr Zimmer zurück und fällt aufs Bett und ist sofort wieder bewusstlos.

Das Haus, in dem dies geschieht, ist völlig anders als das Haus im Traum. Ein anderthalbgeschossiges weißes Holzhaus, beengt, aber solide, mit einer Veranda, die fast bis an den Bürgersteig reicht, und einem Erkerfenster im Wohnzimmer, das auf ein von Hecken umgebenes Gärtchen blickt. Es steht in einer Seitenstraße einer Kleinstadt, die sich – für einen Ortsfremden – in nichts von vielen anderen Kleinstädten unterscheidet, denen man im Abstand von fünfzehn bis fünfundzwanzig Kilometern im einst dicht bevölkerten Ackerland am Lake Huron begegnet. Mein Vater und seine Schwestern wuchsen in diesem Haus auf, und die Schwestern mit Mutter lebten immer noch dort, als meine Mutter zu ihnen zog – und ich ebenfalls, groß und lebhaft in ihrem Bauch, nachdem mein Vater in den letzten Kriegswochen in Europa gefallen war.

Meine Mutter – Jill – steht am hellen, späten Nachmittag neben dem Wohnzimmertisch. Das Haus ist voller Leute, die hierher eingeladen worden sind, nach dem Trauergottesdienst in der Kirche. Sie trinken Tee und Kaffee und bringen es fertig, die Schnittchen in der Hand zu halten, die Scheiben Bananenbrot, Nuss- und Früchtekuchen. Die Eiercreme- und Rosinentörtchen mit ihrem krümeligen Teig sollen mit einer Kuchengabel von einem der Porzellantellerchen gegessen werden, die Jills Schwiegermutter in ihrer Brautzeit mit Veilchen bemalt hat. Jill nimmt sich alles mit den Fingern. Kuchenkrümel, auch eine Rosine sind auf ihr Kleid gefallen und an dessen grünem Samt kleben geblieben. Das Kleid ist für den Tag viel zu warm, und es ist gar kein Umstandskleid, sondern ein weites, wallendes Gewand, das für ihre Konzerte angefertigt worden ist, wenn sie öffentlich auftritt und Geige spielt. Der Saum ist vorn ein ganzes Stück kürzer, durch mich. Aber sie besitzt sonst nichts, was groß genug und gut genug ist, um beim Trauergottesdienst für ihren Mann getragen zu werden.

Was isst sie denn so viel? Es fällt den Leuten auf. »Isst für zwei«, sagt Ailsa zu einer Gruppe ihrer Gäste, damit die sie nicht mit Bemerkungen über ihre Schwägerin übertrumpfen können.

Jill ist den ganzen Tag lang übel gewesen, bis sie in der Kirche, als ihr durch den Kopf ging, wie schlecht die Orgel war, auf einmal merkte, dass sie urplötzlich einen Bärenhunger hatte. Während des gesamten Chorals »O tapfere Herzen« dachte sie an einen fetten Hamburger, der von Fleischsaft und geschmolzener Mayonnaise troff, und jetzt versucht sie herauszufinden, welches Gemengsel aus Walnüssen, Rosinen und braunem Zucker, welche zahnwehsüße Kokosglasur oder welcher besänftigende Mund voll Bananenbrot oder Eiercreme als Ersatz dienen kann. Natürlich alles nicht, aber sie versucht es weiter. Als ihr echter Hunger gestillt ist, quält sie weiterhin ihr eingebildeter Hunger und stärker noch eine an Panik grenzende Gereiztheit, die sie zwingt, sich den Mund voll zu stopfen, obwohl sie kaum noch etwas schmeckt. Sie ist außerstande, diese Gereiztheit zu beschreiben, kann höchstens sagen, dass sie etwas mit Pelzigkeit und Eingeengtheit zu tun hat. Die Berberitzenhecke draußen vor dem Fenster, dicht und stachelig im Sonnenlicht, das Samtkleid, das an ihren feuchten Achselhöhlen klebt, die wie zu Sträußchen aufgesteckten Löckchen – von derselben Farbe wie die Rosinen in den Törtchen – auf dem Kopf ihrer Schwägerin Ailsa, sogar die aufgemalten Veilchen, die wie Schorf aussehen, den man von den Tellern abkratzen kann, alle diese Dinge kommen ihr besonders abscheulich und bedrückend vor, obwohl sie weiß, dass sie völlig alltäglich sind. Sie scheinen eine Botschaft über ihr neues und unerwartetes Leben zu enthalten.

Warum unerwartet? Sie weiß seit einiger Zeit von mir, und sie hat auch gewusst, dass George Kirkham fallen konnte. Schließlich war er bei der Luftwaffe. (Um sie herum im Haus der Kirkhams sagen die Leute an diesem Nachmittag – obwohl nicht zu ihr, der Witwe, oder zu den Schwestern –, dass er einer von den Jungen war, von denen man wusste, sie würden fallen. Sie meinen damit, dass er ein strahlender junger Mann und der Stolz seiner Familie war, einer, auf dem alle Hoffnungen ruhten.) Sie wusste das, aber sie lebte genauso weiter wie vorher, stieg an dunklen Wintermorgen mit ihrem Geigenkasten in die Straßenbahn und fuhr zum Konservatorium, wo sie stundenlang übte, in Hörweite anderer, aber allein in einem kargen Raum, nur begleitet vom Gluckern der Heizkörper, die Haut ihrer Hände anfangs rotfleckig vor Kälte, dann spröde von der trockenen Zentralheizungsluft. Sie wohnte weiter in einem möblierten Zimmer mit schlecht schließendem Fenster, das im Sommer Fliegen hereinließ und im Winter eine dünne Schneeschicht auf dem Fensterbrett, und träumte – wenn sie sich nicht gerade übergeben musste – weiter von Würstchen und Fleischpasteten und großen, dunklen Schokoladenstücken. Am Konservatorium behandelten alle ihre Schwangerschaft taktvoll, als handelte es sich um einen Tumor. Sie war ohnehin lange Zeit nicht zu sehen, wie häufig erste Schwangerschaften bei großen Frauen mit breitem Becken. Sogar, als ich in ihrem Bauch schon Purzelbäume schlug, trat sie noch öffentlich auf. Majestätisch gerundet, das lange rote Haar wie einen Busch um die Schultern, auf dem erhitzten Gesicht ein Ausdruck strenger Konzentration, so gab sie ihr bis dahin wichtigstes Konzert. Das Violinkonzert von Mendelssohn.

Was in der Welt geschah, ging nicht völlig an ihr vorbei – sie wusste, dass der Krieg zu Ende ging. Sie dachte, dass George bald nach meiner Geburt zurück sein würde. Sie wusste, dass sie dann nicht weiter in ihrem möblierten Zimmer bleiben konnte – sie würde irgendwo mit ihm zusammen wohnen müssen. Und sie wusste, dass ich da sein würde, aber in ihrer Vorstellung beendete meine Geburt eher etwas, als dass damit etwas Neues anfing. Sie würde die Tritte beenden, mit denen ich die ständig wunde Stelle auf einer Seite ihres Bauchs malträtierte, die Schmerzen in den Genitalien, wenn sie aufstand und das Blut hereinströmte (als würde ihr dort ein kochend heißer Breiumschlag aufgelegt). Ihre Brustwarzen würden nicht mehr groß und dunkel und knotig sein, und sie würde ihre Beine mit den geschwollenen Venen nicht mehr jeden Morgen vor dem Aufstehen bandagieren müssen. Sie würde nicht mehr alle halbe Stunde Wasser lassen müssen, und ihre Füße würden wieder in die normalen Schuhe passen.

Nachdem sie wusste, dass George nicht zurückkommen würde, dachte sie daran, mit mir noch eine

Weile in dem möblierten Zimmer zu bleiben. Sie besorgte sich ein Buch über Säuglinge. Sie kaufte, was ich unbedingt brauchen würde. Im Haus wohnte eine alte Frau, die nach mir schauen konnte, während sie übte. Sie würde eine Kriegerwitwenrente erhalten und in sechs Monaten die Abschlussprüfung am Konservatorium ablegen.

Dann kam Ailsa mit der Eisenbahn und holte sie. Ailsa sagte: »Wir können dich doch nicht so ganz allein hier hocken lassen. Alle fragen schon, warum du nicht zu uns gezogen bist, als George nach Übersee ging. Jetzt wird es Zeit, dass du kommst.«

»Meine Familie hat einen Haschmich«, hatte George zu Jill gesagt. »Iona ist ein Nervenbündel, und Ailsa hätte Feldwebel werden sollen. Und meine Mutter ist senil.«

Er sagte auch: »Ailsa hat den Grips abbekommen, aber sie musste von der Schule runter und bei der Post anfangen, als mein Vater starb. Ich hab die Schönheit abbekommen, und für die arme Iona ist nichts übrig geblieben als die schlechte Haut und die schlechten Nerven.«

Jill begegnete seinen Schwestern zum ersten Mal, als sie nach Toronto kamen, um George zu verabschieden. Sie waren nicht zur Hochzeit erschienen, die zwei Wochen zuvor stattgefunden hatte. Niemand war da, nur George und Jill und der Geistliche und die Frau des Geistlichen und eine Nachbarin, die als zweite Trauzeugin hinzugeholt wurde. Ich war ebenfalls da, in Jills Bauch, aber ich war nicht der Grund für die Heirat, und zu dem Zeitpunkt wusste niemand von meiner Existenz. Hinterher bestand George auf Hochzeitsfotos, also ließen beide sich mit steinernen Gesichtern in einer dieser Fotomaton-Kabinen ablichten. Sein Überschwang kannte kein Erbarmen. »Das wird's ihnen zeigen«, sagte er, als er die Fotos betrachtete. Jill fragte sich, wem er es zeigen wollte. Ailsa? Oder den hübschen Mädchen, den verliebten Backfischen, die ihm nachgelaufen waren, ihm sentimentale Briefe geschrieben und Socken mit Rautenmuster gestrickt hatten? Er trug die Socken, er steckte die Geschenke ein, und er las die Briefe in der Kneipe vor, zum allgemeinen Gaudi.

Jill hatte vor der Hochzeit nicht gefrühstückt und dachte die ganze Zeit an Pfannkuchen und gebratenen Schinkenspeck.

Die beiden Schwestern sahen normaler aus, als sie erwartet hatte. Obwohl es stimmte, dass George die Schönheit abbekommen hatte. Seidig gewelltes dunkelblondes Haar, lustig blitzende Augen und beneidenswert klare Gesichtszüge. Sein einziger Nachteil: Er war nicht sehr groß. Gerade groß genug, um Jill in die Augen zu schauen. Und um Luftwaffenpilot zu werden.

»Schlakse kommen als Piloten nicht infrage«, sagte er. »Da habe ich sie ausgestochen. Die langen Lulatsche. Viele Filmschauspieler sind klein. Für die Küsserei stehen die auf Kisten.«

(Im Kino konnte George laut werden. Er buhte bei der Küsserei. Er hielt auch im wirklichen Leben nicht viel davon. Lass uns loslegen, sagte er.)

Die Schwestern waren ebenfalls klein. Sie hießen nach Orten in Schottland, die ihre Eltern auf der Hochzeitsreise besucht hatten, bevor die Familie ihr Vermögen verlor. Ailsa war zwölf Jahre älter als George, und Iona war neun Jahre älter. In der Menschenmenge an der Union Station wirkten sie plump und unbeholfen. Beide trugen neue Hüte und Kostüme, als wären sie es, die gerade geheiratet hatten. Und beide waren wie aufgescheuchte Hühner, weil Iona ihre guten Handschuhe im Zug vergessen hatte. Es stimmte, dass Iona schlechte Haut hatte, obwohl gerade keine Pickel blühten und ihre Aknezeiten vielleicht vorüber waren. Ihre Haut war schrundig von alten Narben und grau unter dem rosa Puder. Ihr Haar rutschte in schlaffen Ranken unter ihrem Hut hervor, und in ihren Augen standen Tränen, entweder, weil Ailsa mit ihr geschimpft hatte, oder weil ihr Bruder in den Krieg zog. Ailsas Haar war zu Bündeln von festen, dauergewellten Locken geordnet, auf denen ihr Hut saß. Sie hatte gescheite, blasse Augen hinter glitzernd gerahmten Brillengläsern, runde, rosa Wangen und ein Grübchenkinn. Beide Schwestern hatten eine schmucke Figur – hoher Busen und schlanke Taille und ausladende Hüften, aber an Iona sah diese Figur wie etwas aus, an das sie aus Versehen geraten war und das sie mit krummen Schultern und verschränkten Armen zu verbergen trachtete. Ailsa ging mit ihren Kurven selbstbewusst, aber nicht provokant um, als wäre sie aus solider Keramik gemacht. Und beide hatten die dunkelblonde Haarfarbe von George, aber ohne seinen Glanz. Und seinen Sinn für Humor schienen sie auch nicht zu teilen.

»Also ich muss dann los«, sagte George. »Um als Held auf den Schlachtfeldern von Passchendaele zu fallen.« Und Iona sagte: »Sag so was nicht. Rede nicht so.« Ailsa kniff ihren Himbeermund zusammen.

»Ich kann von hier aus das Fundsachen-Schild sehen«, sagte sie. »Aber ich weiß nicht, ob das nur für Dinge ist, die man auf dem Bahnhof verloren hat, oder auch für Dinge, die in den Zügen gefunden wurden. Passchendaele war im Ersten Weltkrieg.«

»Ist wahr? Bist du sicher? Ich komme zu spät?«, sagte George und schlug sich mit der Hand an die Brust.

Und wenige Monate später verbrannte er auf einem Übungsflug über der Irischen See.

Ailsa lächelt die ganze Zeit. Sie sagt: »Natürlich bin ich stolz. Das bin ich. Aber ich bin nicht die Einzige, die jemanden verloren hat. Er hat getan, was er tun musste.« Manche finden ihre Munterkeit ein wenig schockierend. Aber andere sagen: »Die arme Ailsa.« All diese Konzentration auf George und die Sparsamkeit, damit er einmal Jura studieren konnte, und dann schlug er das alles aus – meldete sich als Freiwilliger; ging auf und davon und in seinen Tod. Er konnte nicht warten.

Seine Schwestern opferten ihre eigene Ausbildung. Sie ließen sich nicht einmal die Zähne richten – sie opferten auch das. Iona besuchte zwar eine Schwesternschule, aber wie sich herausstellte, hätte es ihr mehr genutzt, sich die Zähne richten zu lassen. Jetzt stehen Iona und Ailsa mit einem Helden da. Jeder gibt das zu – ein Held. Die jüngeren Leute, die da sind, denken, es ist schon etwas, einen Helden in der Familie zu haben. Sie denken, die Bedeutung dieses Augenblicks wird von Dauer sein, er wird Ailsa und Iona für immer bleiben. »O tapfere Herzen« wird für immer um sie erschallen. Ältere Leute, die sich an den vorigen Krieg erinnern, wissen, dass die Schwestern mit nichts dastehen als mit einem Namen auf dem Ehrenmal. Denn die Witwe, die junge Frau, die sich den Bauch vollschlägt, wird die Rente bekommen.

Ailsa ist in hektischer Stimmung, denn sie ist zwei Nächte hintereinander aufgeblieben und hat sauber gemacht. Nicht, dass das Haus vorher nicht ordentlich und sauber gewesen wäre. Trotzdem spürte sie den Drang, sämtliches Geschirr, alle Töpfe und allen Zierrat abzuwaschen, das Glas vor jedem Bild zu putzen, den Kühlschrank vorzurücken und dahinter aufzuwischen, die Kellertreppe zu schrubben und Chlorkalk in die Mülltonne zu schütten. Sogar die Lampe über dem Esszimmertisch musste auseinandergenommen werden, alle Teile wurden in Seifenwasser getaucht, abgespült, abgetrocknet und wieder zusammengesetzt. Und wegen ihrer Arbeit beim Postamt konnte Ailsa damit erst nach dem Abendessen anfangen. Sie ist jetzt die Vorsteherin des Postamts, sie hätte ohne weiteres einen Tag frei nehmen können, aber so etwas würde Ailsa nie tun.

Jetzt ist ihr heiß unter ihrem Rouge, es juckt sie unter ihrem dunkelblauen Kreppkleid mit dem Spitzenkragen. Sie kann nicht stillsitzen. Sie füllt die Servierplatten wieder auf und reicht sie herum, bedauert, dass der Tee lauwarm geworden ist, eilt, um frischen aufzubrühen. Besorgt um das Wohlbefinden ihrer Gäste, erkundigt sie sich nach deren Rheumatismus oder deren sonstigen Beschwerden, lächelt im Angesicht ihrer Tragödie, wiederholt ein ums andere Mal, dass ihr Verlust kein Einzelfall ist, dass sie sich nicht beklagen darf, wenn so viele andere im selben Boot sitzen, dass George nicht wollen würde, dass seine Freunde trauern, sondern sie sollten dankbar sein, dass alle zusammen den Krieg beendet hätten.

Alles mit der hohen, nachdrücklichen Stimme freundlicher Ermahnung, die die Leute vom Postamt her kennen. Sodass sie das unangenehme Gefühl bekommen, etwas Falsches gesagt zu haben, genau wie ihnen auf dem Postamt zu verstehen gegeben werden soll, dass ihre Handschrift eine Zumutung ist oder ihre Pakete schlampig verschnürt sind.

Ailsa ist sich bewusst, dass ihre Stimme zu hoch ist und dass sie zu viel lächelt und dass sie Leuten Tee eingeschenkt hat, die keinen mehr wollten. In der Küche sagt sie, während sie die Teekanne vorwärmt: »Ich weiß gar nicht, was mit mir los ist. Ich bin völlig überdreht.«

Sie sagt das zu Dr. Shantz, ihrem Nachbar auf der Rückseite des Hauses.

»Bald ist es vorbei«, sagt er. »Möchten Sie ein Schlafmittel?«

Seine Stimme verändert sich, sobald die Tür vom Esszimmer aufgeht. Das Wort »Schlafmittel« kommt ihm streng ärztlich über die Lippen.

Ailsas Stimme verändert sich auch, aus der Verlorenheit wird Tapferkeit. Sie sagt: »Oh, nein, vielen Dank. Ich werde schon allein zurechtkommen.«

Ionas Aufgabe ist es, auf die Mutter aufzupassen, darauf zu achten, dass sie ihren Tee nicht verschüttet – was ihr nicht aus Ungeschicklichkeit, sondern aus Vergesslichkeit passieren kann – und dass sie weggebracht wird, sobald sie zu jammern und zu weinen anfängt. Aber Mrs. Kirkham benimmt sich die meiste Zeit über tadellos, und es gelingt ihr weit besser als Ailsa, den Gästen die Befangenheit zu nehmen. Für die Dauer einer Viertelstunde versteht sie die Situation – oder erweckt zumindest den Anschein –, redet tapfer und vernünftig davon, dass sie ihren Sohn immer vermissen wird, aber dankbar dafür ist, noch zwei Töchter zu haben: Ailsa, so tüchtig und zuverlässig, ein wahres Wunder von Anfang an, und Iona, die Liebe selbst. Sie vergisst nicht einmal, von ihrer neuen Schwiegertochter zu sprechen, lässt sich aber ein wenig anmerken, dass nicht mehr alles stimmt, als sie ausspricht, was die meisten Frauen ihres Alters in Gesellschaft, zumal wenn Männer zuhören, nicht aussprechen würden. Mit Blick auf Jill und mich sagt sie: »Und uns allen steht ein Trost ins Haus.«

Dann, auf dem Weg von Zimmer zu Zimmer, von Gast zu Gast, vergisst sie alles, sie schaut sich in ihrem eigenen Haus um und sagt: »Warum sind wir hier? So viele Leute – was feiern wir?« Und da sie mitbekommt, dass alles etwas mit George zu tun hat, fragt sie: »Ist es Georges Hochzeit?« Zusammen mit dem aktuellen Wissen hat sie etwas von ihrem Taktgefühl verloren. »Es ist doch nicht etwa deine Hochzeit?«, sagt sie zu Iona. »Nein. Konnte ich mir auch nicht denken. Du hattest ja nie einen Freund, wie?« Ein Unterton von »Man muss den Tatsachen ins

Auge blicken«, von »Den Letzten beißen die Hunde« hat sich in ihre Stimme geschlichen. Als sie Jill entdeckt, lacht sie.

»Das ist doch nicht etwa die Braut? Oh, oh. Jetzt verstehen wir.«

Aber die Wahrheit kommt ihr so plötzlich wieder, wie sie verschwand.

»Gibt es etwas Neues?«, fragt sie. »Etwas Neues von George?« Und dann fängt das Weinen an, vor dem Ailsa Angst hatte.

»Schaff sie fort, wenn sie anfängt, sich daneben zu benehmen«, hat Ailsa gesagt.

Iona ist nicht fähig, ihre Mutter fortzuschaffen – sie ist in ihrem ganzen Leben noch nie fähig gewesen, sich gegenüber einem anderen Menschen durchzusetzen –, aber die Frau von Dr. Shantz nimmt die alte Dame beim Arm.

»George ist tot?«, fragt Mrs. Kirkham furchtsam, und Mrs. Shantz sagt: »Ja. Aber wissen Sie, seine Frau bekommt ein Kind.«

Mrs. Kirkham lehnt sich bei ihr an; sie sinkt in sich zusammen und sagt leise: »Kann ich meinen Tee bekommen?«

Wohin meine Mutter sich in diesem Haus auch wendet, überall sieht sie ein Foto von meinem Vater. Das letzte und offizielle von ihm in seiner Uniform steht auf einem bestickten Zierdeckchen auf der geschlossenen Nähmaschine im Erker des Esszimmerfensters. Iona legte Blumen darum, aber Ailsa nahm sie weg. Sie sagte, damit sah er zu sehr aus wie ein katholischer Heiliger. Im Treppenhaus hängt eins von ihm mit sechs Jahren, er spielt draußen auf dem Bürgersteig mit seinem Bollerwagen, und in dem Zimmer, in dem Jill schläft, ist eins von ihm, da steht er neben seinem Fahrrad mit seinem *Free-Press*-Zeitungsbeutel. Mrs. Kirkhams Zimmer hat das Foto von ihm, auf dem er für die Operettenaufführung der achten Klasse kostümiert ist, mit einer goldenen Pappkrone auf dem Kopf. Da er unmusikalisch war, kam er für eine Hauptrolle nicht infrage, aber natürlich erhielt er die beste Nebenrolle, die des Königs.

Das handkolorierte Studiofoto über dem Büfett zeigt ihn im Alter von drei Jahren, ein unscharfer blonder Knirps, der eine Stoffpuppe an einem Bein hinter sich herzieht. Ailsa dachte daran, es herunterzunehmen, weil es auf die Tränendrüsen drücken könnte, aber dann ließ sie es hängen, damit kein heller Fleck auf der Tapete zu sehen war. Und niemand sagte etwas zu dem Bild, nur Mrs. Shantz blieb stehen und sagte, was sie schon einmal gesagt hatte, und auch nicht mit Tränen in der Stimme, sondern mit leicht amüsierter Bewunderung.

»Ah – Christopher Robin.«

Die Leute waren es gewohnt, dem, was Mrs. Shantz sagte, nicht viel Beachtung zu schenken.

Auf allen seinen Fotos strahlt George wie ein Goldstück. Ihm hängt immer eine sonnige Locke in die Stirn, außer wenn er seine Offiziersmütze oder seine Krone trägt. Und schon, als er fast noch ein Säugling war, sah er aus, als wüsste er, was für ein übermütiger, gerissener, charmanter Bursche er war. Einer von der Sorte, der andere nie in Ruhe ließ, der sie zu Gelächter aufpeitschte. Gelegentlich auf eigene Kosten, doch meistens auf Kosten anderer. Wenn Jill ihn ansieht, erinnert sie sich daran, wie er trank, aber nie betrunken zu werden schien, und wie er es darauf anlegte, Betrunkenen Geständnisse zu entlocken, über ihre Ängste, ihre Schwindeleien, ihre Jungfräulichkeit oder ihre Untreue, aus denen er dann Witze oder demütigende Spitznamen machte, die seine Opfer mit gespieltem Lachen hinnahmen. Denn er hatte zahlreiche Anhänger und Freunde, die sich ihm vielleicht aus Angst anschlossen – oder vielleicht auch nur, weil er, wie immer von ihm behauptet wurde, für Stimmung sorgte. Wo er auch war, stand er im Mittelpunkt, und die Luft um ihn knisterte vor Wagnis und Ausgelassenheit.

Was sollte Jill mit solch einem Liebhaber anfangen? Sie war neunzehn, als sie ihn kennenlernte, und noch niemand hatte sie haben wollen. Sie verstand nicht, was ihn anzog, und sie merkte, dass auch alle anderen es nicht verstanden. Sie war den meisten ihres Alters ein Rätsel, aber ein langweiliges Rätsel.

Ein Mädchen, das ihr ganzes Leben dem Studium der Geige weihte und keine anderen Interessen hatte.

Das stimmte nicht ganz. Sie kuschelte sich schon einmal unter ihre schäbige Steppdecke und malte sich einen Liebhaber aus. Aber niemals einen strahlenden Angeber wie George. Sie dachte an einen warmen, bärigen Burschen oder an einen Musiker, zehn Jahre älter als sie und schon berühmt, mit feuriger Potenz. Ihre Vorstellungen von Liebe waren opernhaft, obwohl das nicht die Musik war, die sie am meisten bewunderte. George hingegen machte Witze im Bett; er stolzierte im Zimmer umher, wenn er fertig war; er machte unanständige und kindische Geräusche. Sein forsches Vorgehen brachte ihr wenig von dem Genuss, den sie von Selbstversuchen kannte, aber sie war auch nicht völlig enttäuscht.

Eher benommen von der rasenden Geschwindigkeit. Und voller Erwartung, glücklich zu sein – dankbar und glücklich, wenn ihr Kopf sich erst einmal an die körperliche und gesellschaftliche Wirklichkeit gewöhnt hatte. Das Zusammensein mit George und ihre Heirat – es war wie ein glitzernder Anbau in ihrem Leben. Hell erleuchtete Räume voll verwirrender Pracht. Dann kam die Bombe oder der Wirbelsturm, der nicht unwahrscheinliche Schicksalsschlag, und der ganze Anbau war fort. In die Luft geflogen und verschwunden, und sie stand mit denselben Räumen und Möglichkeiten da wie zuvor. Sie

31

hatte etwas verloren, gewiss. Aber nichts, was sie sich wirklich zu eigen gemacht hatte oder was für sie mehr war als ein hypothetischer Entwurf ihrer Zukunft.

Jetzt hat sie genug gegessen. Ihre Beine tun weh vom langen Stehen. Mrs. Shantz ist bei ihr und sagt: »Hatten Sie Gelegenheit, Georges Freunde hier kennenzulernen?«

Sie meint die jungen Leute, die in der Diele für sich bleiben. Zwei nett aussehende Mädchen, ein junger Mann immer noch in Marine-Uniform und andere. Jill betrachtet sie und denkt, dass niemand wirklich traurig ist. Ailsa vielleicht, aber Ailsa hat ihre eigenen Gründe. Niemand ist wirklich traurig darüber, dass George tot ist. Nicht einmal das Mädchen, das in der Kirche geweint hat und so aussieht, als ob es noch weitere Tränen vergießen wird. Diese junge Frau wird sich daran erinnern können, dass sie in George verliebt war, und glauben, dass er – trotz allem – auch in sie verliebt war, und niemals Angst haben, er könnte etwas sagen oder tun, was das Gegenteil beweist. Und keiner von ihnen wird, wenn eine um George gescharte Gruppe losprustet, sich fragen müssen, wen sie auslachen oder was George ihnen erzählt. Niemand wird sich mehr anstrengen müssen, um mit ihm Schritt zu halten, oder sich den Kopf zerbrechen müssen, wie er sich seine Gunst erhalten kann.

Ihr kommt nicht in den Sinn, dass George, wenn er überlebt hätte, vielleicht ein anderer Mensch geworden wäre, denn sie denkt nicht daran, selbst ein anderer Mensch zu werden.

Sie sagt: »Nein«, so lustlos, dass Mrs. Shantz darauf erwidert: »Ich weiß. Es ist schwer, neue Leute kennenzulernen. Besonders – ich an Ihrer Stelle würde lieber gehen und mich hinlegen.«

Jill war sich fast sicher, sie würde sagen »gehen und einen Schnaps trinken«. Aber hier wird nichts Alkoholisches angeboten, nur Tee und Kaffee. Jill trinkt sowieso kaum Alkohol. Sie kann jedoch den Geruch in jemandes Atem erkennen, und sie meinte, ihn bei Mrs. Shantz gerochen zu haben.

»Warum tun Sie's nicht?«, sagt Mrs. Shantz. »So etwas ist eine große Strapaze. Ich werde Ailsa Bescheid sagen. Gehen Sie schon.«

Mrs. Shantz ist eine kleine Frau mit feinem grauen Haar, leuchtenden Augen und runzligem, spitzem Gesicht. Jeden Winter verbringt sie einen Monat allein in Florida. Sie hat Geld. Das Haus, das sie und ihr Mann sich gebaut haben, hinter dem Haus der Kirkhams, ist lang gestreckt und flach und blendend weiß, mit abgerundeten Ecken und Flächen aus Glasbausteinen. Dr. Shantz ist zwanzig oder fünfundzwanzig Jahre jünger als sie – ein untersetzter, frischer und liebenswürdiger Mann mit hoher, glatter Stirn und hellem, lockigem Haar. Sie haben keine Kinder. Man glaubt, dass sie welche hat, aus erster Ehe, aber die kommen sie nicht besuchen. Man erzählt sich sogar, dass Dr. Shantz der Freund ihres Sohnes war, vom College mitgebracht, er verliebte sich in die Mutter seines Freundes, sie verliebte sich in den Freund ihres Sohnes, es gab eine Scheidung, und nun sind sie verheiratet und leben in einem luxuriösen, verschwiegenen Exil.

Jill hat wirklich Whisky gerochen. Mrs. Shantz trägt immer einen Flachmann bei sich, wenn sie zu einer Zusammenkunft geht, die sie – wie sie sagt – zu keinerlei Hoffnungen berechtigt. Alkohol bewirkt bei ihr nicht, dass sie torkelt oder ihre Worte durcheinander bringt oder Streit anfängt oder Leuten um den Hals fällt. In Wahrheit ist sie wahrscheinlich ständig ein wenig angetrunken, aber nie richtig betrunken. Sie ist es gewohnt, ihrem Körper den Alkohol in zumutbarer, beruhigender Weise zuzuführen, sodass ihre Gehirnzellen nie völlig durchtränkt werden oder je ganz austrocknen. Das einzig Verräterische ist der Geruch (den viele Leute in dieser alkoholfreien Stadt einer Arznei zuschreiben, die sie nehmen muss, oder sogar einer Salbe, mit der sie sich die Brust einreiben muss). Das und vielleicht eine Überdeutlichkeit in ihrer Sprechweise, die Art, wie sie um jedes Wort herum Platz schafft. Sie sagt natürlich Dinge, die eine hier aufgewachsene Frau nicht sagen würde. Sie erzählt Dinge von sich. Sie erzählt, dass sie immer mal wieder für die Mutter ihres Mannes gehalten wird. Sie sagt, die meisten Leute wänden sich vor Verlegenheit, wenn sie ihren Irrtum bemerkten. Aber einige Frauen – vielleicht eine Kellnerin – bedenken Mrs. Shantz mit scheelen Blicken, als wollten sie sagen: Na, der ist doch an Sie verschwendet!

Und Mrs. Shantz sagt dann zu ihnen nur: »Ich weiß. Es ist ungerecht. Aber das ganze Leben ist ungerecht, daran werden Sie sich gewöhnen müssen.«

An diesem Nachmittag hat sie keine Möglichkeit, sich ihre Schlucke so einzuteilen, wie sie es braucht. In der Küche und sogar in der winzigen Speisekammer dahinter können jederzeit Frauen auftauchen. Sie muss nach oben ins Badezimmer gehen, und das nicht zu oft. Als sie es am späten Nachmittag tut, kurz nachdem Jill sich zurückgezogen hat, findet sie die Badezimmertür verschlossen. Sie denkt daran, in eins der Schlafzimmer zu schlüpfen, und überlegt, welches wohl leer ist und welches das von Jill ist. Dann hört sie Jill im Badezimmer etwas sagen. »Kleinen Moment noch«, oder so ähnlich. Etwas völlig Normales, aber ihre Stimme klingt angestrengt und angsterfüllt.

Mrs. Shantz trinkt rasch einen Schluck, mitten im Treppenflur, unter dem Vorwand eines Notfalls.

»Jill? Ist Ihnen nicht gut? Können Sie mir aufmachen?«

Jill ist auf allen vieren und versucht, die Pfütze auf dem Badezimmerfußboden wegzuwischen. Sie hat vom Platzen der Fruchtblase gelesen – so wie sie über die Wehen nachgelesen hat, über Eröffnung, Austreibung und Nachgeburt –, aber trotzdem hat sie der Strom warmer Flüssigkeit überrascht. Sie muss Toilettenpapier benutzen, denn Ailsa hat alle normalen Handtücher weggeräumt und glatte Tüchlein aus besticktem Leinen, genannt Gästehandtücher, ausgelegt.

Sie hält sich am Rand der Badewanne fest, um sich aufzurichten. Sie riegelt die Tür auf, und im selben Moment setzt der erste Schmerz sie in Erstaunen. Sie wird keinen ersten schwachen Schmerz spüren, keine Vorboten, keine langsam sich steigernden Wehenstadien; es wird ein einziger, schonungsloser Ansturm werden, eine zerreißende Sturzgeburt.

»Ruhig«, sagt Mrs. Shantz und stützt sie, so gut sie kann. »Sagen Sie mir nur, wo Ihr Zimmer ist, damit wir Sie ins Bett bringen.«

Noch bevor sie das Bett erreicht haben, graben Jills Finger sich in den dünnen Arm von Mrs. Shantz und hinterlassen grüne und blaue Flecken.

»Oh, das geht aber schnell«, sagt Mrs. Shantz. »Für ein erstes Kind ist das ja ein richtiger Stürmer und Dränger. Ich hole meinen Mann.«

Und so kam es, dass ich in diesem Haus geboren wurde, ungefähr zehn Tage zu früh, falls auf Jills Berechnungen Verlass war. Ailsa blieb kaum Zeit, die Trauergäste hinauszukomplimentieren, bevor das Haus sich mit Jills Radau füllte, ihren ungläubigen Schreien und den anschließenden schamlosen Stöhngeräuschen.

Auch wenn eine Mutter überrumpelt worden war und zu Hause geboren hatte, war es zu der Zeit üblich, sie mit ihrem Baby anschließend ins Krankenhaus zu bringen. Aber in der Stadt hatte eine Art Sommergrippe um sich gegriffen, und die schwersten Fälle lagen in den Krankenhausbetten, daher entschied Dr. Shantz, dass Jill und ich zu Hause besser aufgehoben waren. Iona hatte schließlich einen Teil ihrer Schwesternausbildung bereits abgeschlossen und konnte jetzt ihren zweiwöchigen Urlaub nehmen, um uns zu pflegen.

Jill hatte eigentlich keinerlei Ahnung vom Familienleben. Sie war in einem Waisenhaus aufgewachsen. Im Alter von sechs bis sechzehn hatte sie in einem Schlafsaal geschlafen. Licht an und aus zu festgesetzten Zeiten, Heizung niemals vor oder nach einem festgesetzten Datum. Ein langer, wachstuchbedeckter Tisch, an dem sie aßen und ihre Hausaufgaben machten, auf der anderen Straßenseite eine Fabrik. George hatte das gefallen. So was härtete ein Mädchen ab, sagte er. Dadurch wurde sie selbstbeherrscht, genügsam und einzelgängerisch. Keine von denen, die romantischen Quatsch erwarteten. Aber das Heim war nicht so herzlos geführt worden, wie er vielleicht dachte, und die Menschen, die es leiteten, waren durchaus nicht engstirnig. Jill wurde zusammen mit anderen in ein Konzert mitgenommen, als sie zwölf Jahre alt war, und danach setzte sie sich in den Kopf, dass sie unbedingt lernen musste, Geige zu spielen. Sie hatte schon auf dem Klavier im Waisenhaus geklimpert. Jemand brachte genug Interesse auf, um ihr eine gebrauchte, billige Geige und ein bisschen Unterricht zu besorgen, und das führte schließlich zu einem Stipendium am Konservatorium. Ein Konzert vor Förderern und Lehrern wurde veranstaltet, ein festlicher Anlass mit besten Kleidern, Obstpunsch, Ansprachen und Kuchen. Jill musste selbst eine kleine Rede halten und Dankbarkeit ausdrücken, aber in Wahrheit fand sie das alles ziemlich selbstverständlich. Sie war überzeugt, dass sie und eine Geige ganz natürlich, ja schicksalhaft zusammengehörten und auch ohne menschliche Hilfe zueinander gefunden hätten.

Sie hatte Freundinnen im Schlafsaal, aber die gingen früh fort in Fabriken und Büros und gerieten bei ihr in Vergessenheit. In der High School, auf die die Waisen geschickt wurden, führte eine Lehrerin eine Unterredung mit ihr. Die Worte »normal« und »ausgewogen« kamen dabei zur Sprache. Die Lehrerin dachte offenbar, dass Musik eine Flucht vor etwas oder ein Ersatz für etwas war. Für Schwestern und Brüder und Freundinnen und Freunde. Sie schlug Jill vor, ihre Kräfte aufzuteilen, statt sie auf eine Sache zu konzentrieren. Aus sich herauszugehen, Volleyball zu spielen, im Schulorchester mitzuwirken, wenn sie unbedingt Musik machen wollte.

Jill ging dieser Lehrerin hinfort aus dem Weg, lief um die Ecke oder die Treppe hinauf, um nicht mit ihr sprechen zu müssen. So wie sie auch keine Seite weiterlas, auf der sie die Worte »ausgewogen« und »beliebt« ansprangen.

Auf dem Konservatorium hatte sie es leichter. Dort begegnete sie Menschen, die genauso unausgewogen, so ehrgeizig waren wie sie. Sie knüpfte ein paar recht teilnahmslose und von Wettbewerb bestimmte Freundschaften. Eine ihrer Freundinnen hatte einen älteren Bruder, der bei der Luftwaffe war, und dieser Bruder war zufällig ein Opfer und Bewunderer von George Kirkham. Er und George tauchten eines Sonntagabends bei einem Familienessen auf, bei dem Jill zu Gast war. Sie hatten vor, noch weiterzuziehen und sich zu betrinken. Und so lernten George und Jill sich kennen. Mein Vater und meine Mutter.

Jemand musste ständig zu Hause sein und auf Mrs. Kirkham aufpassen. Also übernahm Iona die Nachtschicht in einer Bäckerei. Sie dekorierte Torten – auch die kunstvollsten Hochzeitstorten –, und sie schob um fünf Uhr morgens die erste Ladung

Brotlaibe in den Ofen. Ihre Hände, die sonst so arg zitterten, dass sie niemandem eine Tasse Tee servieren konnte, waren bei jeder einsamen Tätigkeit stark und geschickt und geduldig, sogar talentiert.

Eines Morgens, nachdem Ailsa zur Arbeit gegangen war – das geschah in der kurzen Zeit, die Jill vor meiner Geburt im Haus verbrachte –, zischte Iona aus dem Schlafzimmer Jill, die daran vorbeiging, etwas zu. Als gäbe es ein Geheimnis. Aber wer war jetzt im Haus, vor dem man ein Geheimnis wahren müsste? Mrs. Kirkham konnte es nicht sein.

Iona mühte sich mit einer klemmenden Schublade ihrer Kommode ab. »Verflixt«, sagte sie und kicherte. »Verflixt. Hier.«

Die Schublade war voller Babysachen – keine schlichten Hemdchen und Strampelhöschen, wie Jill sie in einem Laden in Toronto gekauft hatte, der zweite Wahl und Ausschuss führte, sondern gestrickte Häubchen, Pullover, Schuhe und Lätzchen, handgenähte Kleidchen. Alle möglichen Pastellfarben und Farbkombinationen keine Voreingenommenheit, kein entweder blau oder rosa – mit umhäkelten Bändern und winzigen gestickten Blumen und Vögeln und Lämmern. Jill hatte nicht gewusst, dass es solche Sachen überhaupt gab. Sie hätte es wissen können, wenn sie sich genauer in Fachgeschäften umgesehen oder in Kinderwagen geschaut hätte, aber das hatte sie nicht getan.

»Natürlich weiß ich nicht, was du hast«, sagte Iona. »Vielleicht hast du schon ganz viele Sachen, oder vielleicht magst du Selbstgemachtes nicht, ich weiß ja nicht –« Ihr Kichern unterstrich, was sie sagte, und unterstützte zugleich ihren entschuldigenden Tonfall. Alles, was sie sagte, jeder Blick und jede Geste, schien verkrustet, überzogen mit dem klebrigen Honig oder hochgezogenen Schleim der Entschuldigung, und Jill wusste nicht, wie sie damit umgehen sollte.

»Das ist wirklich nett von dir«, sagte sie matt.

»Oh, nein, ich wusste ja nicht, ob du die Sachen überhaupt willst. Ich wusste ja nicht, ob sie dir überhaupt gefallen.«

»Sie sind entzückend.«

»Ich habe nicht alles selbst gemacht, einiges habe ich gekauft. Ich bin auf den Kirchenbasar gegangen und auf den zur Unterstützung des Krankenhauses, ich dachte einfach, sie wären nett, aber wenn sie dir nicht gefallen oder wenn du sie vielleicht nicht brauchst, kann ich sie auch in die Missionssammlung geben.«

»Ich kann sie gut gebrauchen«, sagte Jill. »So etwas habe ich überhaupt nicht.«

»Wirklich nicht? Was ich gemacht habe, ist nicht so schön, aber vielleicht das, was die Kirchendamen gemacht haben oder die vom Krankenhaus, vielleicht findest du die Sachen in Ordnung.«

War es das, was George gemeint hatte, als er Iona ein Nervenbündel nannte? (Laut Ailsa lag Ionas Zusammenbruch in der Schwesternschule daran, dass sie ein bisschen zu dünnhäutig und ihre Ausbilderin ein bisschen zu streng mit ihr war.) Man konnte meinen, sie buhlte um Anerkennung, aber wie man sie auch lobte, es schien nie genug zu sein oder sie gar nicht zu erreichen. Jill empfand Ionas Worte, ihr Kichern und Schniefen und ihre tränenfeuchten Blicke (bestimmt hatte sie auch feuchte Hände) wie Ungeziefer, das auf ihr krabbelte – auf Jill, wie Milben, die versuchten, sich in ihre Haut zu bohren.

Aber das war etwas, woran sie sich mit der Zeit gewöhnte. Oder Iona nahm sich zurück. Jedenfalls verspürten beide Erleichterung, als hätte die Lehrerin das Klassenzimmer verlassen, wenn sich morgens hinter Ailsa die Tür schloss. Sie gingen dazu über, eine zweite Tasse Kaffee zu trinken, während Mrs. Kirkham abwusch. Sie tat das sehr langsam, suchte dabei nach der Schublade oder dem Bord, wo jedes Ding hingehörte, und mit einigen Ausfällen. Aber auch mit festen Ritualen, die sie nie ausließ, wie das Verstreuen des Kaffeesatzes über dem Strauch neben der Küchentür.

»Sie denkt, vom Kaffee wächst er«, flüsterte Iona. »Selbst wenn sie ihn auf die Blätter streut, und nicht auf die Erde. Jeden Tag müssen wir den Gartenschlauch nehmen und ihn abspritzen.«

Jill dachte, dass Iona sich anhörte wie die Mädchen, auf denen im Waisenhaus am meisten herumgehackt worden war. Die ihrerseits immer darauf aus gewesen waren, auf anderen herumzuhacken. Aber sobald Iona ihre langatmigen Entschuldigungen oder ihre Schutzwälle aus schüchternen Anschuldigungen (»Natürlich bin ich die Letzte, die sie im Laden um Rat fragen würden«, »Natürlich würde Ailsa niemals auf mich hören«, »Natürlich machte George aus seiner Verachtung für mich nie einen Hehl«) hinter sich gelassen hatte, konnte sie über recht interessante Dinge reden. Sie erzählte Jill von dem Haus, das ihrem Großvater gehört hatte und jetzt den Hauptflügel des Krankenhauses bildete, von den krummen Geschäften, die ihren Vater die Stellung gekostet hatten, und von einer Liebesaffäre zwischen zwei Verheirateten in der Bäckerei. Sie erwähnte auch die mutmaßliche Vorgeschichte des Ehepaares Shantz und sogar die Tatsache, dass Ailsa für Dr. Shantz schwärmte. Vielleicht hatten die Elektroschocks, mit denen Iona nach ihrem Nervenzusammenbruch behandelt worden war, ein Loch in ihre Verschwiegenheit gebrannt, und die Stimme, die durch dieses Loch drang – sobald der tarnende Müll beiseite geräumt war –, klang hasserfüllt und hinterhältig.

Und Jill konnte sich die Zeit ebenso gut mit Plaudern vertreiben – ihre Finger waren inzwischen für das Geigenspiel zu stark angeschwollen.

Und dann wurde ich geboren, und alles änderte sich, besonders für Iona.

Jill musste eine Woche lang das Bett hüten, und auch, nachdem sie aufstehen durfte, bewegte sie sich wie eine steife alte Frau und hielt jedes Mal die Luft an, wenn sie sich vorsichtig in einen Sessel setzte. Sie war schmerzhaft genäht worden, und ihr Bauch und ihre Brüste wurden fest gewickelt wie bei einer Mumie – so war es damals Brauch. Ihre Milch kam reichlich. Sie sickerte durch die Verbände und auf die Bettwäsche. Iona lockerte den Verband und versuchte, mir die Brustwarze in den Mund zu stecken. Aber ich wollte sie nicht nehmen. Ich weigerte mich, die Brust meiner Mutter zu nehmen. Ich schrie wie am Spieß. Als wäre die große, steife Brust ein wildes Tier, das mit seiner Schnauze mein Gesicht bedrängte. Iona hielt mich, sie gab mir ein bisschen warmes, abgekochtes Wasser, und ich beruhigte mich. Ich nahm jedoch ab. Nur von Wasser konnte ich nicht leben. Also rührte Iona Babytrockenmilch an und nahm mich aus Jills Armen, wo ich jammerte und mich versteifte. Iona wiegte und besänftigte mich und berührte meine Wange mit dem Gummischnuller, und den, so stellte sich heraus, zog ich vor. Ich trank gierig die Babynahrung und behielt sie bei mir. Ionas Arme und der Schnuller, den sie verwaltete, wurden das Zuhause meiner Wahl. Jills Brüste mussten noch fester gewickelt werden, sie durfte keinerlei Flüssigkeit zu sich nehmen (und das in der Sommerhitze!), und sie musste die Schmerzen ertragen, bis ihre Milch versiegt war.

»So ein Äffchen, so ein Äffchen«, säuselte Iona. »Was bist du für ein Äffchen, willst nicht die gute Milch deiner Mama.«

Ich wurde bald dicker und kräftiger. Ich konnte lauter schreien. Ich schrie, sobald irgendjemand anderes als Iona mich halten wollte. Ich lehnte Ailsa ab und auch Dr. Shantz mit seinen vorsorglich angewärmten Händen, aber am auffälligsten war meine Abneigung gegen Jill.

Sobald Jill wieder aufstehen durfte, setzte Iona sie in den Sessel, in dem sie sonst saß und mir die Flasche gab; sie hing Jill ihre eigene Bluse um und drückte ihr die Flasche in die Hand.

Ohne Erfolg, ich ließ mich nicht betrügen. Ich schlug mit dem Kopf gegen die Flasche und streckte die Beine aus und verhärtete den Bauch zu einer Kugel. Ich nahm keinen Ersatz hin. Ich schrie. Ich gab nicht nach.

Mein Geschrei war immer noch das schwache Geschrei eines Neugeborenen, trotzdem durchdrang es störend das ganze Haus, und einzig und allein Iona vermochte es zu beenden. Wurde ich von einer Nicht-Iona berührt oder angesprochen, schrie ich. Wurde ich zu Bett gelegt und nicht von Iona gewiegt, schrie ich mich in die Erschöpfung und schlief für zehn Minuten ein und wachte wieder auf, um mit dem Gebrüll von vorn anzufangen. Ich hatte keine guten Zeiten oder quengelige Zeiten. Ich hatte die Zeiten mit Iona und die Zeiten ohne Iona, aus denen schlimmerweise Zeiten mit anderen werden konnten und – am allerschlimmsten – Zeiten mit Jill.

Wie konnte also Iona wieder zur Arbeit gehen, sobald ihre zwei Wochen Urlaub vorbei waren? Unmöglich. Es kam gar nicht infrage. Die Bäckerei musste sich jemand anderen suchen. Iona war von der nichtigsten Person im Haus zur wichtigsten aufgestiegen; sie ganz allein stand zwischen denen, die ruhig darin wohnen wollten, und dauerhafter Dissonanz, nicht zu beschwichtigendem Jammer. Sie musste zu allen Tages- und Nachtzeiten auf den Beinen sein, um das Leben in diesem Haus einigermaßen erträglich zu machen. Dr. Shantz war besorgt; sogar Ailsa war besorgt.

»Iona, überfordere dich nicht.«

Und doch hatte eine wundersame Verwandlung stattgefunden. Iona war blass, doch ihre Haut leuchtete, als hätte sie endlich die Pubertät hinter sich gelassen. Sie konnte allen in die Augen sehen. Und kein Zittern, fast kein Kichern, keine verschlagene Unterwürfigkeit waren mehr in ihrer Stimme, die so herrisch geworden war wie die von Ailsa und zudem fröhlicher. (Und am fröhlichsten, wenn sie mich wegen meiner Haltung gegenüber Jill ausschalt.)

»Iona ist im siebenten Himmel – sie betet das Baby an«, erzählte Ailsa den Leuten. Aber eigentlich war Ionas Verhalten für Anbetung zu energisch. Es kümmerte sie nicht, welchen Lärm sie machte, um meinen zu ersticken. Sie stürmte die Treppe hinauf und rief atemlos: »Komme schon, komme schon, immer mit der Ruhe.« Sie ging umher und hielt mich mit einer Hand achtlos an ihre Schulter geklatscht, während die andere Hand etwas erledigte, was mit meinem Unterhalt zu tun hatte. Sie herrschte in der Küche, beanspruchte den Herd für den Sterilisator, den Küchentisch für das Anrühren der Milchnahrung, die Spüle für die Babywäsche. Sie fluchte lauthals, sogar in Ailsas Gegenwart, wenn sie etwas verlegt oder verschüttet hatte.

Sie wusste, sie war die Einzige, die nicht zusammenzuckte, die nicht die ferne Drohung der Vernichtung spürte, wenn ich meinen ersten Alarmschrei ausstieß. Im Gegenteil, sie war es, deren Herz daraufhin in doppeltem Tempo schlug, der nach Tanzen zumute war, allein von dem Machtgefühl, das sie empfand, und der Dankbarkeit.

Sobald die Verbände abgenommen waren und Jill gesehen hatte, dass ihr Bauch wieder flach war, warf sie einen Blick auf ihre Hände. Sie schienen nicht mehr angeschwollen zu sein. Sie ging hinunter und holte ihre Geige aus dem Schrank. Sie wollte es mit ein paar Tonleitern probieren.

Das war an einem Sonntagnachmittag. Iona hatte sich für ein Nickerchen hingelegt, ein Ohr immer offen für mein Geschrei. Mrs. Kirkham ruhte auch. Ailsa lackierte sich in der Küche die Fingernägel. Jill begann ihre Geige zu stimmen.

Mein Vater und alle in der Familie meines Vaters hatten für Musik wenig übrig. Das war ihnen jedoch nicht so recht klar. Sie dachten, dass die Intoleranz oder sogar Feindseligkeit, die sie einer bestimmten Musik entgegenbrachten (was sich sogar an der Art zeigte, wie sie das Wort »klassisch« aussprachen), auf schlichter Charakterstärke beruhte, auf Rechtschaffenheit und dem festen Vorsatz, sich nicht für dumm verkaufen zu lassen. Als versuchte Musik, die über eine einfache Melodie hinausging, ihre Hörer übers Ohr zu hauen, und tief im Innern wüssten das alle, aber manche – aus Verstiegenheit, aus Mangel an Natürlichkeit und Ehrlichkeit – würden das nie zugeben. Und aus dieser Künstlichkeit und charakterlosen Toleranz kam die ganze Welt der Symphonieorchester, der Oper und des Balletts, der Konzerte, die alle Leute einschläferten.

Die meisten Menschen in dieser Stadt empfanden genauso. Aber weil Jill nicht hier aufgewachsen war, begriff sie die Tiefe dieses Gefühls, das Ausmaß seiner Selbstverständlichkeit nicht. Mein Vater hatte sich nie damit gebrüstet oder eine Tugend daraus gemacht, weil er von Tugenden nichts hielt. Ihm hatte die Vorstellung gefallen, dass Jill Musikerin war – nicht wegen der Musik, sondern weil sie das zu einer ausgefallenen Wahl machte, wie auch ihre Kleidung und ihre Lebensweise und ihr wildes Haar. Mit dieser Wahl zeigte er den Leuten, was er von ihnen hielt, zeigte er es den Mädchen, die gehofft hatten, ihn sich zu angeln. Zeigte er es Ailsa.

Jill hatte die mit einer Gardine verhängte Glastür vom Wohnzimmer geschlossen und stimmte ganz leise. Vielleicht war im Haus nichts zu hören. Oder falls Ailsa in der Küche etwas hörte, dachte sie vielleicht, es käme von draußen, aus einem Radio in der Nachbarschaft.

Jetzt begann Jill mit ihren Tonleitern. Es stimmte, ihre Finger waren nicht mehr geschwollen, aber sie fühlten sich steif an. Ihr ganzer Körper fühlte sich steif an, ihre Haltung war unnatürlich, das Instrument schien sich misstrauisch gegen die Umklammerung zu wehren. Aber wie auch immer, sie war entschlossen, sich an ihre Tonleitern zu machen. Sie war überzeugt, dass es ihr schon früher so gegangen war, nach einer Grippe, oder wenn sie sehr müde war, sich überanstrengt hatte, oder auch aus überhaupt keinem Grund.

Ich erwachte ohne ein Wimmern der Unzufriedenheit. Keine Warnung, keine Steigerung. Nur ein schrilles Kreischen, ein Wasserfall aus Gekreisch ging auf das Haus nieder, anders als alle Schreie, die ich bislang zustande gebracht hatte. Die Entfesselung einer neuen Flut unerwarteter Seelenqual, ein Leid, das mit seinen Wellen voller Steine die Welt bestrafte, ein Schwall des Schmerzes wie aus den Fenstern einer Folterkammer.

Iona war sofort auf den Beinen, zum ersten Mal machte ihr ein von mir hervorgebrachtes Geräusch Angst, und sie rief: »Was ist denn, was ist denn bloß?«

Und Ailsa, die umhereilte, um die Fenster zu schließen, rief aus: »Das ist die Fiedel, das ist die Fiedel.« Sie riss die Tür zum Wohnzimmer auf.

»Jill. Jill. Das ist grauenhaft. Einfach grauenhaft. Hörst du nicht dein Baby?«

Sie musste das Fliegengitter vom Wohnzimmerfenster abreißen, damit sie es schließen konnte. Sie hatte in ihrem Kimono dagesessen, um sich die Nägel zu lackieren, und ein Junge, der auf einem Fahrrad vorbeifuhr, warf einen Blick herüber und sah, wie sich der Kimono über ihrem Schlüpfer öffnete.

»Oh, mein Gott«, sagte sie. Es kam selten vor, dass sie sich so gehen ließ. »Wirst du wohl dieses Ding wegpacken.«

Jill setzte die Geige ab.

Ailsa rannte hinaus in die Diele und rief zu Iona hoch.

»Es ist Sonntag. Kannst du nicht dafür sorgen, dass es aufhört?«

Jill ging langsam und wortlos in die Küche, und dort stand Mrs. Kirkham in Strümpfen und hielt sich am Küchenbüfett fest.

»Was ist denn mit Ailsa?«, fragte sie. »Was hat Iona angestellt?«

Jill ging hinaus und setzte sich auf die Hintertreppe. Sie sah hinüber zu der gleißenden, sonnenbeschienenen Mauer vom weißen Shantz-Haus. Rundherum waren andere heiße Gärten und heiße Mauern anderer Häuser. Darin Menschen, die einander gut kannten, vom häufigen Sehen und aus der gemeinsamen Vergangenheit. Und wenn man von hier aus drei Querstraßen weit nach Osten ging oder fünf Querstraßen nach Westen, sechs Querstraßen nach Süden oder zehn Querstraßen nach Norden, gelangte man zu den Mauern des sommerlichen Getreides, das schon hoch stand, zu den eingezäunten Weiden und den Weizen- und Maisfeldern. Zu der Fülle des Landes. Kein Raum zum Atmen vor lauter Ausdünstungen des wiederkäuenden Viehs und der Gehöfte und der energisch wachsenden Feldfrüchte. In der Ferne Waldungen, die zu schattiger Kühle einluden, zu Ruhe und Frieden, aber in Wirklichkeit von stechenden Insekten wimmelten.

Wie kann ich beschreiben, was für Jill Musik bedeutet? Man vergesse Landschaften und Wunschvorstellungen und Gespräche. Eher ein Problem, würde ich sagen, das diszipliniert und mutig bewältigt werden muss, das sie als ihre Lebensaufgabe auf sich genommen hat. Gesetzt den Fall, die Werkzeuge, die sie für diese Aufgabe benötigt, werden ihr weggenommen. Die Aufgabe ist in all ihrer Größe und Herrlichkeit immer noch da, und andere widmen sich ihr nach wie vor, aber ihr ist sie entzogen worden. Für sie bleiben nur die Hintertreppe und die gleißende Mauer und mein Geschrei. Mein Geschrei ist ein Messer, um aus ihrem Leben all das herauszuschneiden, was man nicht braucht. Was ich nicht brauche.

»Komm wieder rein«, sagt Ailsa durch die Gittertür. »Komm schon rein. Ich hätte dich nicht anschreien dürfen. Komm rein, die Leute werden dich sehen.«

Am Abend dann konnte die ganze Episode leichthin abgetan werden. »Sie müssen den Krakeel heute bei uns gehört haben«, sagte Ailsa zum Ehepaar Shantz. Sie war auf deren Terrasse herübergebeten worden, während Iona dafür sorgte, dass ich einschlief.

»Die Kleine hat's offenbar nicht mit der Fiedel. Kommt nicht nach ihrer Mama.«

Sogar Mrs. Shantz lachte. »Angeboren, nicht anerzogen.«

Jill hörte sie. Zumindest hörte sie ihr Gelächter

und erriet, worum es ging. Sie lag auf ihrem Bett und las *Die Brücke von San Luis Rey,* ein Buch, das sie sich unerhörterweise aus dem Regal genommen hatte, ohne Ailsa um Erlaubnis zu fragen. Immer wieder geriet ihr die Geschichte aus dem Sinn, und sie hörte die lachenden Stimmen im Nachbargarten, dann nebenan das Getrappel der anbetenden Iona, und ihr brach der Wutschweiß aus. In einem Märchen wäre sie mit der Kraft einer jungen Riesin vom Bett aufgesprungen und Möbel zertrümmernd und Hälse brechend durchs Haus gestürmt.

Als ich fast sechs Wochen alt war, sollten Ailsa und Iona ihre Mutter für den jährlichen Besuch bei Verwandten nach Guelph fahren und dort übernachten. Iona wollte mich mitnehmen. Aber Ailsa zog Dr. Shantz hinzu, damit er sie davon abbrachte, ein kleines Baby auf eine solche Fahrt in heißem Wetter mitzunehmen. Daraufhin wollte Iona zu Hause bleiben.

»Ich kann nicht fahren und zugleich auf Mutter aufpassen«, sagte Ailsa.

Sie sagte, dass Iona sich zu sehr in meine Betreuung hineinsteigerte und dass es Jill nicht überfordern würde, anderthalb Tage lang ihr eigenes Baby zu versorgen.

»Oder, Jill?«

Jill sagte nein.

Iona versuchte sich darauf hinauszureden, dass sie

gar nicht bei mir bleiben wollte. Sie sagte, dass ihr vom Autofahren an einem heißen Tag schlecht wurde.

»Du musst nicht fahren, du brauchst nur dazusitzen«, sagte Ailsa. »Was ist mit mir? Ich mache das nicht zum Spaß. Ich mache das, weil sie uns erwarten.«

Iona musste hinten sitzen, was ihre Übelkeit, so sagte sie, noch verschlimmerte. Ailsa sagte, es sehe nicht gut aus, ihre Mutter dorthin zu setzen. Mrs. Kirkham sagte, es mache ihr nichts aus. Ailsa sagte nein. Iona kurbelte das Fenster herunter, als Ailsa den Motor anließ. Sie starrte zu dem Fenster des Zimmers hoch, in dem sie mich nach meinem Morgenbad und meinem Morgenfläschchen in den Schlaf gewiegt hatte. Ailsa winkte Jill zu, die an der Haustür stand.

»Auf Wiedersehen, kleine Mutter«, rief sie in fröhlichem, herausforderndem Tonfall, der Jill irgendwie an George erinnerte. Die Aussicht, aus dem Haus zu kommen und damit das Bündnis zwischen mir und Iona zu schwächen, hatte Ailsas Stimmung gehoben. Und vielleicht war es für sie auch ein gutes, ein beruhigendes Gefühl, Iona wieder an ihrem Platz zu wissen.

Es war zehn Uhr morgens, als sie abfuhren, und der Tag, der vor Jill lag, sollte der längste und schlimmste ihres Lebens werden. Nicht einmal der Tag meiner Geburt, die albtraumhaften Wehen ließen sich damit vergleichen. Bevor das Auto die nächste Stadt erreicht haben konnte, erwachte ich voll Kummer, als könnte ich spüren, dass Iona von mir entfernt wurde. Iona hatte mir erst vor so kurzer Zeit die Flasche gegeben, dass Jill überzeugt war, ich konnte unmöglich Hunger haben. Aber sie entdeckte, dass ich nass war, und obwohl sie gelesen hatte, dass Säuglinge nicht jedes Mal gewindelt werden mussten, wenn sie nass waren, und für gewöhnlich auch nicht aus diesem Grund weinten, beschloss sie, meine Windeln zu wechseln. Sie tat das nicht zum ersten Mal, aber es war ihr nie leicht gefallen, und meistens hatte Iona sie abgelöst und es zu Ende gebracht. Ich machte es ihr so schwer wie möglich – ich hampelte und strampelte mit Armen und Beinen, wölbte den Rücken, versuchte mein Bestes, mich abzuwenden, und setzte natürlich mein Geschrei fort. Jills Hände zitterten, sie hatte Mühe, die Sicherheitsnadeln durch den Stoff zu stechen. Sie täuschte vor, ruhig zu sein, sie versuchte mit mir zu reden, versuchte Ionas Babysprache und liebevolles Zureden nachzuahmen, aber es half alles nichts, solche plumpe Fälschung erboste mich nur noch mehr. Sie nahm mich auf den Arm, sobald sie meine Windel zugesteckt hatte, versuchte, mich an ihre Brust und Schulter zu legen, aber ich sträubte mich, als wäre ihr Körper aus glühend heißen Nadeln. Sie setzte sich hin, sie wiegte mich. Sie stand auf, sie hob mich hoch in die Luft. Sie sang mir die süßen Worte eines Wiegenliedes vor, aber in ihrer Stimme schwangen ihre gemarterten Nerven mit, ihr Zorn und etwas, das sich ohne weiteres als Hass bezeichnen ließ.

Wir waren füreinander Ungeheuer, Jill und ich.

Schließlich legte sie mich hin, sanfter, als sie es am liebsten getan hätte, und ich wurde still, erleichtert, so schien es, von ihr fortzukommen. Sie schlich sich aus dem Zimmer. Doch gar nicht lange, und ich legte wieder los.

So ging es weiter. Ich schrie nicht ununterbrochen. Ich legte Pausen von zwei oder fünf oder zehn oder zwanzig Minuten ein. Als es für sie Zeit wurde, mir die Flasche zu geben, nahm ich sie an, ich lag steif in ihrem Arm und schluchzte warnend, während ich trank. Sobald die Milch halb alle war, ging ich wieder zur Attacke über. Ich trank schließlich die Flasche aus, fast aus Versehen, zwischen Wehgeheul. Ich nickte ein, und sie legte mich hin. Sie schlich die Treppe hinunter; sie blieb in der Diele stehen, als müsste sie überlegen, wo sie sich in Sicherheit bringen konnte. Sie schwitzte von der Zerreißprobe und von der Tageshitze. Sie ging durch die kostbare, zerbrechliche Stille in die Küche und wagte es, Kaffeewasser aufzusetzen.

Bevor der Kaffee durch den Filter gelaufen war,

ließ ich einen Hackebeil-Schrei auf ihr Haupt nieder-
sausen.

Ihr fiel ein, dass sie etwas vergessen hatte. Mein
Bäuerchen nach der Flasche. Sie stieg festen Schritts
hinauf und nahm mich hoch und ging mit mir umher und klopfte und rubbelte mir den wütenden
Rücken, und nach einer Weile machte ich auch mein
Bäuerchen, schrie aber trotzdem weiter, und sie gab
auf; sie legte mich hin.

Was hat Säuglingsgeschrei an sich, das ihm solche
Macht verleiht, die Kraft, unsere Ordnung, von der
wir abhängig sind, einzureißen, die innere und die
äußere? Es ist wie ein Unwetter – durchdringend,
theatralisch, doch dabei rein und ungekünstelt. Es ist
eher vorwurfsvoll als flehentlich – es entspringt einer
Empörung, die sich nicht besänftigen lässt, einer
Empörung, zu der die Geburt berechtigt und die weder Liebe noch Mitleid kennt, die es darauf anlegt,
uns das Gehirn im Schädel zu zertrümmern.

Jill kann nichts weiter tun als umhergehen. Hin
und her auf dem Wohnzimmerteppich, rund um den
Esszimmertisch, hinaus in die Küche, wo ihr die Uhr
sagt, wie entsetzlich langsam die Zeit vergeht. Sie
kann nicht stillsitzen und mehr als einen hastigen
Schluck von ihrem Kaffee trinken. Als sie Hunger
bekommt, findet sie nicht die Ruhe, um sich ein
Sandwich zu machen, sondern isst Cornflakes aus
der Hand und hinterlässt überall im Haus eine Spur.

Essen oder trinken oder irgendetwas Normales tun scheint ebenso riskant wie so etwas in einem kleinen Boot draußen auf hoher See mitten in einem Sturm zu tun oder in einem Haus, dessen Gebälk sich unter schwerem Wind biegt. Man kann die Aufmerksamkeit nicht von dem Sturm abwenden, sonst wird er die letzten Befestigungen einreißen. Um nicht verrückt zu werden, versucht man, sich auf einen Ruhepunkt in seiner Umgebung zu konzentrieren, aber die Schreie des Windes – meine Schreie – sind fähig, auch in ein Kissen zu schlüpfen oder in das Teppichmuster oder in ein winziges Luftbläschen im Fensterglas. Ich erlaube keine Flucht.

Das Haus ist fest verschlossen wie eine Kiste. Etwas von Ailsas Schamgefühl hat auf Jill abgefärbt, oder sie hat eigenes Schamgefühl entwickelt. Eine Mutter, die ihr eigenes Baby nicht beruhigen kann – was könnte beschämender sein? Sie hält Türen und Fenster geschlossen. Und sie stellt den tragbaren Ventilator nicht an, denn sie hat ihn vergessen. Sie denkt nicht mehr in Kategorien praktischer Erleichterung. Sie denkt nicht daran, dass dieser Samstag einer der heißesten Tage des Sommers ist und es das sein könnte, was mir zusetzt. Eine erfahrene oder instinktive Mutter hätte mich an die frische Luft gebracht, statt mir die Macht eines Dämons zu gewähren. Juckende Hitze wäre ihr in den Sinn gekommen statt dumpfer Verzweiflung.

Irgendwann am Nachmittag trifft Jill eine törichte oder auch nur verzweifelte Entscheidung. Nicht, dass sie aus dem Haus geht und mich im Stich lässt. Eingesperrt in das von mir geschaffene Gefängnis, denkt sie an einen eigenen Raum, an eine Flucht nach innen. Sie holt ihre Geige hervor, die sie seit dem Tag der Tonleitern nicht mehr angefasst hat, seit dem Versuch, aus dem Ailsa und Iona einen Familienwitz gemacht haben. Ihr Spiel kann mich nicht aufwecken, denn ich bin schon hellwach, und wie soll es mich wütender machen, als ich schon bin?

In gewisser Weise ehrt sie mich damit. Keine nachgemachten Beschwichtigungen mehr, keine unechten Wiegenlieder oder vorgetäuschten Sorgen um Wehwehchen, kein eiapopeia. Sondern sie will Mendelssohns Violinkonzert spielen, das Stück, das sie schon öffentlich gespielt hat und wieder für ihre Abschlussprüfung spielen muss, um ihr Diplom zu bekommen.

Sie hat sich für Mendelssohn entschieden – statt für Beethovens Violinkonzert, das sie leidenschaftlicher bewundert –, da sie glaubt, das Mendelssohn-Konzert werde ihr bessere Noten eintragen. Sie meint, es eher meistern zu können, es schon gemeistert zu haben; sie ist zuversichtlich, damit brillieren und ihre Prüfer beeindrucken zu können, ohne die geringste Angst, zu scheitern. Das ist kein Werk, das sie ihr Leben lang beschäftigen wird, hat sie entschieden; keines, mit dem sie sich für immer auseinandersetzen wird, an dem sie sich unaufhörlich beweisen muss.

Sie will es einfach spielen.

Sie stimmt die Saiten, sie macht ein paar Fingerübungen, sie versucht, mich aus ihren Ohren zu verbannen. Sie weiß, sie ist steif, aber diesmal ist sie darauf vorbereitet. Sie erwartet, dass ihre Probleme schwinden werden, je mehr sie sich der Musik überlässt.

Sie fängt an zu spielen, sie spielt weiter, immer weiter, bis zum letzten Takt. Und sie spielt entsetzlich. Eine einzige Qual. Sie bleibt hartnäckig, sie denkt, sie wird es ändern, sie muss und kann es ändern, aber nein. Nichts stimmt, sie spielt so schlecht wie Jack Benny in einer seiner respektlosen Parodien. Die Geige ist verhext und hasst sie. Gibt ihr keinen Ton so zurück, wie er klingen soll, sondern alle widerspenstig verzerrt. Nichts könnte schlimmer sein – es ist schlimmer, als schaute sie in den Spiegel und sähe ihr vertrautes Gesicht eingefallen, krank und triefäugig. Ein übler Streich des Spiegels, dem sie nicht glaubt, dem sie beweisen muss, dass er sie betrügt, indem sie wegschaut und wieder hineinschaut, wegschaut und hineinschaut, wieder und wieder. Genauso spielt sie weiter, bemüht, den Betrug zu entlarven. Aber ohne Erfolg. Sie spielt, wenn überhaupt, noch schlechter. Schweiß läuft ihr über Ge-

sicht, Arme und Körper, ihr rutscht die Hand weg –
ein bodenloser Abgrund der Unfähigkeit.

Erledigt. Sie ist erledigt. Das Stück, das sie vor
Monaten bewältigt und seitdem vervollkommnet hat,
sodass nichts darin angstbesetzt oder gar schwierig
blieb, hat ihr eine vollständige Niederlage beigebracht.
Nun sieht sie sich selbst als leer, verwüstet, über
Nacht ausgeraubt.

Sie gibt nicht auf. Sie tut das Schlimmste. In diesem Zustand der Verzweiflung macht sie einen neuen
Anlauf; sie wird es mit dem Beethoven versuchen.
Und natürlich ist das keine gute Idee, es wird immer
schlimmer, innere Weinkrämpfe scheinen sie zu
schütteln. Sie legt den Bogen und die Geige auf das
Wohnzimmersofa, dann nimmt sie beide und schiebt
sie darunter, damit sie ihr aus den Augen sind, denn
sie sieht sich schon beide auf einer Stuhllehne zertrümmern, in einem peinlichen, theatralischen Wut-
anfall.

Ich habe die ganze Zeit über nicht aufgegeben.
Natürlich nicht, gegen solche Konkurrenz.

Jill legt sich auf das harte, himmelblaue Brokat-
sofa, auf dem nie jemand liegt oder auch nur sitzt,
außer es ist Besuch da, und sie schläft tatsächlich ein.
Sie wacht nach wer weiß wie langer Zeit auf, das
heiße Gesicht an den Brokat gedrückt, dessen Muster sich in ihre Wange geprägt hat, aus ihrem Mund
fließt ein wenig Speichel und befleckt den himmel-

blauen Stoff. Mein Radau geht immer noch oder wieder weiter, schwillt an und ab wie hämmernde Kopfschmerzen. Und Jill hat wirklich Kopfschmerzen. Sie steht auf und bahnt sich einen Weg – so fühlt es sich an – durch die heiße Luft zum Küchenschrank, wo Ailsa die Spalttabletten aufbewahrt. Die stickige Luft erinnert sie an Klosetts. Und wie auch nicht? Während sie schlief, habe ich meine Windel voll gemacht, und der Gestank hat Zeit gehabt, sich im ganzen Haus auszubreiten.

Spalttabletten nehmen. Eine Flasche warm machen. Die Treppe hochsteigen. Sie wechselt die Windel, ohne mich aus dem Bettchen zu nehmen. Nicht nur die Windel, auch das Laken ist voll. Die Spalttabletten wirken noch nicht, und ihre Kopfschmerzen werden beim Vorbeugen heftiger. Die Schweinerei herauszerren, meinen geröteten Hintern waschen, eine saubere Windel feststecken, das schmutzige Zeug ins Badezimmer bringen und über der Toilette abkratzen. In den Eimer mit dem Desinfektionsmittel stecken, der schon randvoll ist, weil die Wäsche heute noch nicht gemacht worden ist. Dann mir die Flasche geben. Ich beruhige mich genug, um zu nuckeln. Ein Wunder, dass ich noch die Kraft dazu habe. Die Flasche kommt über eine Stunde zu spät, und meine Beschwerden werden nun auch noch vom Hunger verstärkt, aber vielleicht auch geschwächt. Ich nuckle eifrig, ich leere die Flasche, ich falle erschöpft in Schlaf, und diesmal werde ich nicht gleich wieder wach.

Jills Kopfschmerzen lassen ein wenig nach. Benommen wäscht sie meine Windeln und Hemdchen und die Laken. Schrubbt sie und spült sie und kocht sogar die Windeln aus, um das Wundsein zu vermeiden, zu dem ich neige. Sie wringt alle Wäschestücke von Hand aus. Sie hängt sie im Haus auf, denn der nächste Tag ist ein Sonntag, und Ailsa wird bei ihrer Rückkehr nicht sehen wollen, dass an einem Sonntag draußen Wäsche hängt. Jill möchte sich ohnehin nicht sehen lassen, besonders jetzt nicht, denn es wird langsam Abend, und die Leute sitzen draußen, um die Kühle zu genießen. Ihr graut davor, von den Nachbarn gesehen zu werden, sogar von dem freundlichen Ehepaar Shantz, nach dem, was sie sich heute haben anhören müssen.

Und wie lange, wie unendlich lange hat es gedauert, bis dieser Tag zu Ende geht. Bis die letzten Sonnenstrahlen und lang gestreckten Schatten vergehen und die gewaltige Hitze sich ein wenig rührt, in kühle Spalten aufbricht. Dann ganz plötzlich stehen Sterne dicht gestreut am Himmel, und die Bäume plustern sich auf wie Wolken, aus denen sich Frieden senkt. Aber nicht für lange, und nicht für Jill. Mitternacht ist noch fern, da erhebt sich ein schwacher Schrei – zaghaft kann man ihn nicht nennen, aber doch schwach, probeweise, als sei ich trotz der stun-

63

denlangen Anstrengung aus der Übung gekommen. Oder als frage ich mich, ob es sich wirklich lohnt. Dann eine kleine Unterbrechung, eine falsche Ruhepause, ein vorgetäuschtes Aufgeben. Aber danach eine durchdringende, markerschütternde, erbarmungslose Wiederaufnahme. Gerade als Jill sich noch einmal Kaffee kochen will, um die Reste ihrer Kopfschmerzen zu bekämpfen. Meint, sich diesmal hinsetzen und ihn in Ruhe trinken zu können.

Also schaltet sie die Herdplatte aus.

Es ist fast Zeit für die letzte Flasche des Tages. Wenn ich die Flasche davor nicht zu spät bekommen hätte, wäre ich jetzt bereit. Vielleicht bin ich ja bereit? Während die Flasche warm wird, denkt Jill, sie wird noch zwei Spalttabletten schlucken. Dann denkt sie, das wird wahrscheinlich nichts nutzen; sie braucht etwas Stärkeres. Im Badezimmerschränkchen findet sie nur Peptobismol, Abführmittel, Fußpuder und rezeptpflichtige Arzneimittel, die sie nicht anrühren mag. Aber sie weiß, dass Ailsa etwas Starkes gegen ihre heftigen Menstruationsschmerzen nimmt, und sie geht in Ailsas Zimmer und schaut in ihren Kommodenschubladen nach, bis sie eine Flasche mit Schmerztabletten findet, die logischerweise auf einem Stapel Monatsbinden liegt. Diese Tabletten sind auch rezeptpflichtig, aber auf dem Etikett steht deutlich, wogegen sie wirken. Sie nimmt sich zwei Tabletten aus der Flasche und geht zurück in die Küche und stellt fest, das Wasser, in dem die Flasche warm werden soll, kocht, die Milch ist viel zu heiß.

Sie hält die Flasche zum Abkühlen unter den Wasserhahn – mein Geschrei dringt auf sie ein wie das Zetern von Raubvögeln über einem rauschenden Fluss –, und sie betrachtet die auf dem Küchentisch wartenden Tabletten, und sie denkt: Ja. Sie holt ein Messer heraus und schabt ein wenig von der einen Tablette ab, entfernt den Schnuller von der Flasche, tut das abgeschabte Pulver auf die Messerklinge und streut es – nur ein wenig weißen Staub – in die Milch. Dann nimmt sie die eine Tablette und die sieben Achtel oder elf Zwölftel oder sogar fünfzehn Sechzehntel der zweiten selbst ein und bringt die Flasche hinauf. Sie hebt meinen augenblicklich starren Körper hoch und steckt den Schnuller in meinen anklagenden Mund. Die Milch ist für meinen Geschmack immer noch ein bisschen zu warm, und anfangs spucke ich sie ihr ins Gesicht. Nach einer Weile beschließe ich dann, dass sie mir recht ist, und trinke sie restlos aus.

Iona schreit gellend. Jill erwacht in einem Haus, das erfüllt ist von schmerzendem Sonnenlicht und Ionas gellenden Schreien.

Ursprünglich war geplant, dass Ailsa und Iona und ihre Mutter bis zum späten Nachmittag in Guelph bei den Verwandten bleiben sollten, um nicht in der größten Tageshitze zu fahren. Aber nach dem Frühstück fing Iona an, Theater zu machen. Sie wollte nach Hause zum Baby, sie sagte, sie hätte nachts vor lauter Sorge kaum ein Auge zugetan. Es war peinlich, sich mit ihr vor den Verwandten herumzustreiten, also gab Ailsa nach, und sie kamen schon am späten Vormittag zurück und machten die Tür des stillen Hauses auf.

Ailsa sagte: »Puh. Riecht es hier drin immer so, und wir haben uns schon so daran gewöhnt, dass wir es nicht mehr merken?«

Iona drückte sich an ihr vorbei und rannte die Treppe hoch.

Und jetzt schreit sie gellend.

Tot. Tot. Mörderin.

Sie weiß nichts von den Tabletten. Also warum schreit sie »Mörderin«? Es ist die Decke. Sie sieht die Decke, die meinen Kopf völlig bedeckt. Erstickt. Nicht Gift. Sie hat überhaupt keine Zeit gebraucht, nicht einmal eine halbe Sekunde, um von »tot« auf »Mörderin« zu kommen. Ein blitzschneller Gedankensprung. Sie reißt mich aus dem Bettchen, mit der Todesdecke um mich herum, hält das Bündel an ihren Körper gepresst und rennt damit schreiend in Jills Zimmer.

Jill rappelt sich benommen auf, nach zwölf oder dreizehn Stunden Schlaf.

»Du hast mein Baby umgebracht«, schreit Iona sie an.

Jill verbessert sie nicht – sagt nicht: Meins. Iona hält mich anklagend Jill hin, aber bevor Jill auch nur einen Blick auf mich werfen kann, werde ich wieder weggerissen. Iona stöhnt und krümmt sich zusammen wie nach einem Bauchschuss. Mit mir in den Armen stürzt sie die Treppe hinunter und stößt mit Ailsa zusammen, die auf dem Weg nach oben ist. Ailsa wird fast umgerissen, sie hält sich am Treppengeländer fest, Iona kümmert das gar nicht. Sie scheint zu versuchen, mich mitsamt Decke in das frische, entsetzliche Loch in der Mitte ihres Körpers zu pressen. Zwischen immer neuen Schmerzenslauten dringen aus ihr Wörter.

Baby. Mein Liebchen. Mein Engel. Holt die. Erstickt. Decke. Baby. Polizei.

Jill hat ohne Bettdecke geschlafen und ohne sich ein Nachthemd anzuziehen. Sie hat immer noch die Shorts und das Bikinioberteil von gestern an, und sie weiß nicht genau, ob sie aus nächtlichem Schlaf oder einem Nickerchen erwacht. Sie weiß nicht genau, wo sie ist und welcher Tag es ist. Und was hat Iona gesagt? Jill wühlt sich aus einem Bottich voll warmer Wolle heraus und sieht Ionas Schreie mehr, als dass sie sie hört, sie sind wie rote Blitze, glühend heiße Adern in ihren Augenlidern. Sie klammert sich an den Luxus, nichts begreifen zu müssen, aber dann weiß sie, dass sie begriffen hat. Sie weiß, es geht um mich.

Aber Jill denkt, dass Iona einen Fehler gemacht

hat. Iona ist in den falschen Teil des Traums geraten. In den Teil, der vorbei ist.

Dem Baby geht es gut. Jill hat für das Baby gesorgt. Sie ist hinausgegangen und hat das Baby gefunden und es zugedeckt. Alles ist gut.

Unten in der Diele gibt Iona sich Mühe und schreit einen zusammenhängenden Satz. »Sie hat ihm die Decke ganz über den Kopf gezogen und es erstickt.«

Ailsa kommt, sich am Geländer festhaltend, die Treppe herunter.

»Leg es hin«, sagt sie. »Leg es hin.«

Iona drückt mich an sich und stöhnt. Dann hält sie mich Ailsa hin und sagt: »Da. Sieh doch.«

Ailsa wendet ruckartig den Kopf ab. »Nein«, sagt sie. »Ich will das nicht sehen.« Iona bedrängt sie, hält mich ihr vor die Nase. Ich bin immer noch in meine Decke eingewickelt, aber das weiß Ailsa nicht, und Iona ist es egal, oder sie hat es gar nicht gemerkt.

Jetzt ist es an Ailsa, zu schreien. Sie rennt auf die andere Seite des Esszimmertischs und schreit: »Leg es hin. Leg es hin. Ich will das nicht sehen, eine Leiche.«

Mrs. Kirkham kommt aus der Küche und sagt: »Mädchen. Ach, Mädchen. Was habt ihr denn nur? Das kann ich aber nicht dulden.«

»Da, sieh doch«, sagt Iona, vergisst Ailsa und kommt um den Tisch herum, um mich ihrer Mutter zu zeigen.

Ailsa geht zum Telefon in der Diele und nennt der Telefonistin die Nummer von Dr. Shantz.

»Ach, ein Baby«, sagt Mrs. Kirkham und zupft an der Decke.

»Sie hat es erstickt«, sagt Iona.

»Oh, nein«, sagt Mrs. Kirkham.

Ailsa spricht am Telefon mit Dr. Shantz, bittet ihn mit zitternder Stimme, sofort zu kommen. Sie legt den Hörer auf, dreht sich zu Iona um, schluckt, um die Fassung zu gewinnen, und sagt: »Du da. Du bist jetzt still.«

Iona stößt einen spitzen, trotzigen Schrei aus und rennt von ihr weg, durch die Diele ins Wohnzimmer. Sie hält mich immer noch fest umklammert. Jill ist zum Treppenabsatz gekommen. Ailsa sieht sie.

Sie sagt: »Komm sofort hier runter.«

Sie hat keine Ahnung, was sie Jill antun oder sagen wird, sobald sie unten ist. Sie macht ein Gesicht, als wollte sie ihr eine runterhauen. »Werd jetzt bloß nicht hysterisch«, sagt sie.

Jills Oberteil ist verdreht, sodass eine Brust fast ganz entblößt ist.

»Zieh dich richtig an«, sagt Ailsa. »Hast du in deinen Sachen geschlafen? Du siehst betrunken aus.«

Jill hat das Gefühl, sich immer noch im schneeigen Licht ihres Traums zu bewegen. Aber nun sind diese tobenden Menschen in ihren Traum eingedrungen.

Ailsa ist jetzt imstande, an einige Dinge zu denken, die getan werden müssen. Was auch geschehen ist, von einem Mord darf auf keinen Fall die Rede sein. Babys sterben eben manchmal, ohne Grund, im Schlaf. Sie hat davon gehört. Auf keinen Fall die Polizei. Keine Autopsie – ein trauriges, stilles kleines Begräbnis. Doch dem steht Iona im Weg. Dr. Shantz kann Iona jetzt eine Spritze geben; von der Spritze wird sie schlafen. Aber er kann ihr nicht jeden Tag eine Spritze geben.

Iona muss nach Morrisville. Das ist die Heilanstalt für Geisteskranke, die früher Irrenanstalt genannt wurde und in Zukunft erst Psychiatrisches Krankenhaus und dann Klinik für Psychohygiene heißen wird. Aber die meisten nennen sie einfach Morrisville, nach dem benachbarten Dorf.

Gehört nach Morrisville, sagen sie. Man hat sie nach Morrisville gebracht. Wenn du so weitermachst, landest du in Morrisville.

Iona ist schon dort gewesen und kommt eben wieder hin. Dr. Shantz kann sie einweisen und so lange drin lassen, bis man der Meinung ist, dass sie wieder heraus kann. Vom Tod des Babys verwirrt. Wahnvorstellungen. Sobald sich das herumgesprochen hat, wird sie keine Gefahr mehr darstellen. Niemand wird dem, was sie sagt, Beachtung schenken. Sie wird einen Nervenzusammenbruch gehabt haben. Es sieht sogar ganz danach aus, als könnte das wahr sein – es sieht aus, als könnte sie schon auf halbem Wege dazu sein, bei dem Gekreische und Herumgerenne. Es könnte ein Dauerzustand sein. Aber wahrscheinlich nicht. Heutzutage gibt es alle möglichen Behandlungen. Medikamente, um sie ruhig zu stellen, und Elektroschocks, falls es besser ist, einige Erinnerungen auszulöschen, und eine Operation, die sie notfalls durchführen, bei Leuten, die hartnäckig verwirrt und unglücklich sind. In Morrisville machen sie die nicht – dafür muss man in die Stadt.

Für all das – was ihr blitzartig durch den Kopf gegangen ist – wird Ailsa sich auf Dr. Shantz verlassen müssen. Auf seinen rücksichtsvollen Mangel an Neugier und seine Bereitschaft, ihre Sicht der Dinge zu teilen. Aber das sollte niemandem schwer fallen, der weiß, was sie durchgemacht hat. Die Anstrengungen, die sie für das Ansehen dieser Familie unternommen hat, und die Rückschläge, die sie hinnehmen musste, von der kläglichen Laufbahn ihres Vaters und dem verwirrten Verstand ihrer Mutter bis zu Ionas Zusammenbruch in der Schwesternschule und Georges Verschwinden, um sein Leben wegzuwerfen. Verdient Ailsa nach all dem einen öffentlichen Skandal – Berichte in den Zeitungen, einen Prozess, vielleicht sogar eine Schwägerin im Gefängnis?

Dr. Shantz wird das sicher verneinen. Und nicht nur, weil er sich aus dem, was er als freundlicher

Nachbar beobachtet hat, diese Gründe zusammenreimen kann. Nicht nur, weil er einschätzen kann, dass den Menschen, die ohne Ansehen auskommen müssen, früher oder später ein kalter Wind entgegenweht.

Die Gründe, die er hat, um Ailsa zu helfen, schwingen alle in seiner Stimme mit, als er jetzt zur Hintertür hereingerannt kommt, durch die Küche, und ihren Namen ruft.

Jill hat gerade am Fuß der Treppe gesagt: »Dem Baby geht es gut.«

Und Ailsa hat gesagt: »Du bist still, bis ich dir sage, was du sagen sollst.«

Mrs. Kirkham steht in der Tür von der Küche zur Diele, mitten im Weg von Dr. Shantz.

»Ach, ich bin froh, Sie zu sehen«, sagt sie. »Ailsa und Iona zanken sich fürchterlich. Iona hat vor der Tür ein Baby gefunden, und jetzt sagt sie, es ist tot.«

Dr. Shantz nimmt Mrs. Kirkham und schiebt sie beiseite. Er sagt wieder »Ailsa?« und breitet die Arme aus, legt ihr dann aber doch nur die Hände fest auf die Schultern.

Iona kommt mit leeren Händen aus dem Wohnzimmer.

Jill fragt: »Was hast du mit dem Baby gemacht?«

»Es versteckt«, sagt Iona frech und schneidet ihr eine Fratze – eine Fratze, wie sie jemand schneiden könnte, der Todesangst aussteht, aber vortäuscht, gefährlich zu sein.

»Dr. Shantz wird dir eine Spritze geben«, sagt Ailsa. »Dann ist Ruhe mit dir.«

In der nun folgenden absurden Szene rennt Iona herum, stürzt zur Haustür – Ailsa springt dazwischen und verstellt ihr den Weg – und dann zur Treppe, wo Dr. Shantz sie zu packen bekommt, sich rittlings auf sie setzt, ihr die Arme festhält und sagt: »Na, na, na, Iona. Ganz ruhig. Gleich wird alles gut.« Und Iona stößt gellende Schreie aus, dann wimmert sie und ist schließlich still. Die Geräusche, die sie von sich gibt, ihr Umherhuschen, ihre Fluchtversuche wirken wie Theater. Als fände sie es eigentlich aussichtslos, Ailsa und Dr. Shantz die Stirn zu bieten, und versuchte es darum von vornherein nur mit einer solchen Parodie. Was deutlich macht – und vielleicht will sie das ja in Wahrheit –, dass sie ihnen gar nicht die Stirn bietet, sondern dass ihr die Nerven versagen. Ein Nervenversagen, so peinlich und so ungelegen wie möglich, während Ailsa sie anherrscht: »Du solltest dich was schämen.«

Dr. Shantz gibt ihr eine Spritze und sagt: »Brav, Iona, brav. Schon gut.«

Über die Schulter sagt er zu Ailsa: »Schauen Sie nach Ihrer Mutter. Sie soll sich hinsetzen.«

Mrs. Kirkham wischt sich mit den Fingern die Tränen aus den Augen. »Es geht schon, Liebes«, sagt sie zu Ailsa. »Ich wünschte nur, ihr Mädchen würdet euch nicht streiten. Du hättest mir sagen sollen, dass

Iona ein Baby bekommen hat. Du hättest ihr erlauben müssen, es zu behalten.«

Mrs. Shantz, in einem japanischen Kimono über ihrem Sommernachthemd, kommt durch die Küchentür ins Haus.

»Alles in Ordnung?«, ruft sie.

Sie sieht das Messer auf dem Küchentisch liegen und lässt es vorsichtshalber in einer Schublade verschwinden. Wenn Leute verrückt spielen, braucht man nicht auch noch ein griffbereites Messer.

Inmitten von all dem meint Jill, einen schwachen Schrei gehört zu haben. Sie ist unbeholfen über das Treppengeländer geklettert, um an Iona und Dr. Shantz vorbeizukommen – sie war ein Stück weit die Treppe hinaufgerannt, als Iona in diese Richtung strebte –, und hat sich zur Diele heruntergelassen. Sie geht durch die Flügeltür ins Wohnzimmer, wo sie mich anfangs nirgendwo entdecken kann. Aber der schwache Schrei ist wieder zu hören, und sie geht dem Laut nach und schaut unters Sofa.

Und da liege ich, neben der Geige.

Auf dem kurzen Weg von der Diele zum Wohnzimmer ist Jill alles wieder eingefallen, und es scheint, als stockte ihr der Atem, als drängte sich Grauen in ihren Mund, aber dann setzt ein Hoffnungsstrahl ihr Leben wieder in Gang, als sie genau wie im Traum ein lebendiges Baby vorfindet und nicht einen kleinen, ausgedörrten, muskatnussköpfigen Leichnam. Sie nimmt mich in die Arme. Ich versteife mich nicht und trete nicht und wölbe nicht den Rücken. Ich bin immer noch ziemlich schläfrig von dem Beruhigungsmittel in meiner Milch, das mich für eine Nacht und einen halben Tag in Tiefschlaf versetzt hat und mich in stärkerer Dosis – vielleicht nicht einmal wesentlich stärkerer – umgebracht hätte.

Die Decke war überhaupt nicht schuld. Jeder, der einen ernsthaften Blick auf die Decke geworfen hätte, hätte gesehen, dass sie viel zu dünn und locker gewebt war, um mich daran zu hindern, alle Luft zu bekommen, die ich brauchte. Man konnte durch sie so leicht atmen wie durch ein Fischernetz.

Erschöpfung mag eine Rolle gespielt haben. Ein ganzer Tag Geschrei, solch ein wütender Kraftakt der Selbstdarstellung konnte mich übermüdet haben. Das und der weiße Staub, der in meine Milch fiel, hatten mich in einen tiefen und reglosen Schlaf versetzt, in dem mein Atem so leicht ging, dass Iona ihn nicht wahrnahm. Man sollte meinen, sie hätte merken müssen, dass ich nicht kalt war, und man sollte meinen, all das Geschrei und Umhergerenne hätte mich schleunigst aus meiner Bewusstlosigkeit wecken müssen. Ich weiß nicht, warum das nicht geschah. Ich glaube, es fiel Iona wegen ihrer Panik nicht auf, wegen des Zustands, in dem sie schon war, bevor sie mich fand, aber ich weiß nicht, warum ich nicht früher schrie. Oder vielleicht schrie ich ja, und in dem Tumult hörte mich niemand. Oder vielleicht hörte mich Iona und warf einen Blick auf mich und stopfte mich unter das Sofa, weil zu dem Zeitpunkt schon alles schief gegangen war.

Aber dann Jill. Jill hörte mich.

Iona wurde ins Wohnzimmer getragen und auf das besagte Sofa gelegt. Ailsa zog ihr die Schuhe aus, um den Brokat zu schonen, und Mrs. Shantz ging nach oben, um ihr eine dünne Decke zu holen.

»Ich weiß, sie braucht sie nicht der Wärme wegen«, sagte sie. »Aber ich glaube, wenn sie aufwacht, ist es angenehmer für sie, unter einer Decke zu liegen.«

Davor hatten sich natürlich alle um mich versammelt, um sich davon zu überzeugen, dass ich lebte. Ailsa machte sich Vorwürfe, es nicht gleich festgestellt zu haben. Sie gab nur ungern zu, dass sie vor dem Anblick eines toten Babys Angst gehabt hatte.

»Ionas schlechte Nerven müssen ansteckend sein«, sagte sie. »Ich hätte es unbedingt merken müssen.«

Sie warf Jill einen Blick zu, als wollte sie ihr sagen: Geh und zieh dir eine Bluse über. Dann erinnerte sie sich, wie grob sie sie angefahren hatte, und obendrein ohne Grund, also sagte sie nichts. Sie versuchte nicht einmal ihre Mutter davon zu überzeugen, dass Iona kein Kind bekommen hatte, obwohl sie halblaut zu Mrs. Shantz sagte: »Vielleicht ist das der Anfang vom größten Gerücht aller Zeiten.«

»Ich bin ja so froh, dass nichts Schreckliches passiert ist«, sagte Mrs. Kirkham. »Ich dachte schon, Iona hätte es um die Ecke gebracht. Ailsa, du darfst deiner Schwester keine Vorwürfe machen.«

»Nein, Mama«, sagte Ailsa. »Komm, wir setzen uns alle in die Küche.«

Es war noch eine Flasche mit zubereiteter Milchnahrung da, die ich längst hätte einfordern und austrinken müssen. Jill setzte sie zum Wärmen auf und trug mich dabei die ganze Zeit in ihrer Armbeuge.

Sie sah sofort nach dem Messer, als sie in die Küche kam, und stellte verwundert fest, dass es nicht mehr da lag. Aber sie meinte, noch ein paar weiße Stäubchen auf dem Küchentisch zu sehen. Sie wischte sie mit der freien Hand weg, bevor sie den Hahn aufdrehte, um das Wasser zum Aufwärmen meiner Flasche in den Topf zu lassen.

Mrs. Shantz machte sich daran, Kaffee zu kochen. Während er durchlief, setzte sie den Sterilisator auf den Herd und wusch die Flaschen vom Vortag aus. Sie verhielt sich taktvoll und kompetent, es gelang ihr gerade noch, die Tatsache zu verbergen, dass etwas an diesem ganzen Debakel und Durcheinander ihr Auftrieb gab.

»Ich nehme an, das Baby ist für Iona zu einer Obsession geworden«, sagte sie. »So etwas musste ja passieren.«

Sie wandte sich dabei vom Herd ab, um den letzten Satz an ihren Mann und Ailsa zu richten, und sah, dass Dr. Shantz Ailsas Hände, die sie vors Gesicht geschlagen hatte, herunternahm. Zu rasch und schuldbewusst zog er die eigenen Hände fort. Hätte er das nicht getan, es hätte ausgesehen wie eine normale, trostspendende Geste. Zu der ein Arzt gewiss berechtigt ist.

»Wissen Sie, Ailsa, ich meine, Ihre Mutter sollte sich auch hinlegen«, sagte Mrs. Shantz nachdenklich und ohne Unterbrechung. »Ich werde gehen und sie dazu überreden. Wenn sie Schlaf finden kann, verliert sie das vielleicht alles aus dem Gedächtnis. Wie Iona auch, wenn wir Glück haben.«

Mrs. Kirkham hatte die Küche, kaum dass sie dort angelangt war, gleich wieder verlassen. Mrs. Shantz fand sie im Wohnzimmer, wo sie nach Iona sah und an der Decke zupfte, damit ihre Tochter auch richtig zugedeckt war. Mrs. Kirkham wollte sich eigentlich nicht hinlegen. Sie wollte Erklärungen für alles haben – sie wusste, dass ihre eigenen Erklärungen irgendwie einen Knacks hatten. Und sie wollte, dass man mit ihr wie früher redete, nicht in der betont sanften und selbstzufriedenen Art wie jetzt. Aber da sie ein höflicher Mensch war und da ihr bewusst war, dass sie in diesem Haus nicht viel zu sagen

hatte, ließ sie sich von Mrs. Shantz nach oben füh-
ren.

Jill las sich die Anweisungen zum Herstellen der
Säuglingsmilchnahrung durch. Sie waren auf der Seite
der Maissirupdose abgedruckt. Als sie die Schritte
die Treppe hinauf hörte, dachte sie, dass jetzt eine
günstige Gelegenheit war. Sie trug mich ins Wohnzimmer und legte mich in einen Sessel.

»So ist gut«, flüsterte sie vertraulich. »Bleib ganz
still.«

Sie kniete sich hin, kroch zum Sofa und zog die
Geige vorsichtig aus ihrem Versteck. Sie holte das
Tuch und den Geigenkasten, packte das Instrument
ordentlich ein und verstaute es. Ich blieb ruhig liegen – ich konnte mich noch nicht von allein umdrehen –, und ich blieb still.

Miteinander in der Küche allein, ergriffen
Dr. Shantz und Ailsa wahrscheinlich nicht die Gelegenheit, um sich in die Arme zu fallen, sondern
sahen sich nur in die Augen. Mit ihrem Wissen und
ohne Versprechungen oder Verzweiflung.

Iona gab zu, dass sie nicht nach meinem Puls gefühlt
hatte. Und sie behauptete nie, ich wäre kalt gewesen.
Sie sagte, ich fühlte mich steif an. Dann sagte sie,
nicht steif, sondern schwer. So schwer, sagte sie, dass
sie sofort dachte, ich lebte nicht mehr. Ein Klotz,
totes Gewicht.

Ich glaube, da ist etwas dran. Ich glaube nicht, dass ich tot war oder dass ich von den Toten zurückkehrte, aber ich bin überzeugt, dass ich in einer Ferne war, aus der ich zurückkehren konnte oder auch nicht. Ich denke, dass der Ausgang nicht gewiss war und dass Wille eine Rolle spielte. Es lag an mir, meine ich damit, die eine oder die andere Richtung einzuschlagen.

Und Ionas Liebe, bestimmt die rückhaltloseste Liebe, die ich je erhalten werde, brachte mich nicht dazu. Ihre Schreie, ihre Umarmungen, mit denen sie mich fest an ihren Leib presste, konnten mich nicht überreden. Denn es war nicht Iona, mit der ich mich begnügen musste. (Konnte ich das gewusst haben – konnte ich sogar gewusst haben, dass es am Ende nicht Iona war, die mir am meisten nützen würde?) Es war Jill. Ich musste mich mit Jill begnügen und mit dem, was ich von ihr bekommen konnte, auch wenn es nur so aussah wie eine halbe Portion.

Mir kommt es so vor, als wäre ich erst da ein Mädchen geworden. Ich weiß, diese Frage wurde lange vor meiner Geburt entschieden und stand für alle vom ersten Tag meines Lebens an fest, aber ich glaube, erst in dem Augenblick, als ich mich entschloss, zurückzukehren, als ich den Kampf gegen meine Mutter aufgab (der ein Kampf um so etwas wie ihre bedingungslose Kapitulation gewesen sein muss), erst da nahm ich meine weibliche Natur an.

Und in gewisser Weise nahm auch Jill ihre Rolle an. Ernüchtert und dankbar, unfähig, die Katastrophe, der sie gerade entronnen war, auch nur in Gedanken zu streifen, nahm sie es auf sich, mich zu lieben, denn die Alternative dazu war verheerend.

Dr. Shantz hatte so seine Vermutungen, aber er sagte nichts. Er fragte Jill, wie ich am Tag zuvor gewesen war. Quengelig? Ja, sagte sie, sehr quengelig. Er sagte, dass Frühgeburten, auch nur wenige Tage zu früh Geborene, anfällig für Schockzustände waren und sehr behutsam behandelt werden mussten. Er empfahl, mich zum Schlafen immer auf den Rücken zu legen.

Iona brauchte keine Elektroschocks. Dr. Shantz gab ihr Tabletten. Er sagte, sie habe sich bei meiner Pflege überanstrengt. Die Frau, die ihre Tätigkeit in der Bäckerei übernommen hatte, wollte aufhören – sie arbeitete nicht gern nachts. Also kehrte Iona dorthin zurück.

Das ist mir am deutlichsten im Gedächtnis geblieben von den Sommerbesuchen bei meinen Tanten, als ich sechs oder sieben Jahre alt war. Zur unheimlichen, sonst verbotenen Mitternachtsstunde in die Bäckerei mitgenommen zu werden und zuzusehen, wie Iona sich die weiße Haube aufsetzte und die weiße Schürze umband, wie sie die große weiße Teigmasse knetete, die sich regte und Blasen warf wie etwas Lebendiges. Wie sie die Kekse ausstach und mir die Reste zuschanzte und wie sie zu besonderen Anlässen eine Hochzeitstorte gestaltete. Wie hell und weiß diese große Küche war, hinter deren Fenstern die schwarze Nacht stand. Ich kratzte die Schüssel mit der Hochzeitsglasur aus – mit dem geschmolzenen, stechend süßen, unwiderstehlichen Zucker.

Ailsa fand, ich sollte so spät nicht mehr auf sein und nicht so viel süßes Zeug essen. Aber sie griff nicht ein. Sie fragte nur, was wohl meine Mutter dazu sagen würde – als hätte Jill zu bestimmen und nicht sie. Bei Ailsa gab es Regeln, die ich zu Hause nicht befolgen musste – häng die Jacke auf, spül das Glas aus, bevor du es abtrocknest, sonst wird es fleckig –, aber ich sah nie die strenge, strafende Person aus Jills Erinnerungen.

Abfälliges über Jills Musik wurde nicht mehr geäußert. Schließlich verdiente sie damit unseren Lebensunterhalt. Sie hatte das Mendelssohn-Konzert schließlich doch noch bezwungen. Sie bestand ihre Abschlussprüfung am Konservatorium. Sie schnitt sich die Haare ab und wurde dünn. Sie war in der Lage, eine Maisonettewohnung beim High Park in Toronto zu mieten und eine Frau zu bezahlen, die für einen Teil des Tages auf mich aufpasste, denn sie hatte ihre Kriegerwitwenrente. Und dann fand sie eine Stelle bei einem Rundfunkorchester. Es sollte ihr ganzer Stolz sein, dass sie in ihrem gesamten Arbeitsleben als Musikerin beschäftigt war und nie darauf zurückgreifen musste, Unterricht zu geben. Sie sagte, sie wusste, dass sie keine große Geigerin war, sie hatte keine herausragende Begabung oder Bestimmung, aber wenigstens konnte sie ihren Lebensunterhalt damit verdienen, das zu tun, was sie gerne tat. Sogar nachdem sie meinen Stiefvater geheiratet hatte, nachdem wir mit ihm nach Edmonton gezogen waren (er war Geologe), spielte sie weiter im dortigen Symphonieorchester. Sie spielte bis jeweils eine Woche vor der Geburt meiner beiden Halbschwestern. Sie hatte Glück, sagte sie – ihr Mann erhob keine Einwände.

Iona hatte noch zwei weitere Rückfälle, den schwereren, als ich ungefähr zwölf Jahre alt war. Sie musste für mehrere Wochen nach Morrisville. Ich glaube, sie erhielt dort Insulin – sie kehrte fettleibig und redselig zurück. Ich war zu Besuch, als sie fort war, zusammen mit Jill und meiner kleinen Schwester, die erst vor kurzem geboren worden war. Ich entnahm den Gesprächen zwischen meiner Mutter und Ailsa, dass es nicht ratsam gewesen wäre, ein Baby ins Haus zu bringen, wenn Iona da war; das könnte sie »in Gang setzen«. Ich weiß nicht, ob der Vorfall, der sie nach Morrisville brachte, etwas mit einem Baby zu tun hatte.

Ich fühlte mich bei diesem Besuch ausgeschlossen. Jill und Ailsa hatten sich beide das Rauchen angewöhnt, und sie saßen bis spät abends auf, tranken am Küchentisch Kaffee und rauchten Zigaretten, während sie auf die Baby-Mahlzeit um ein Uhr warteten. (Meine Mutter gab diesem Kind die Brust – ich war froh zu hören, dass mir nicht solche intimen, körperwarmen Mahlzeiten verabreicht worden waren.) Ich erinnere mich, wie ich manchmal die Treppe herunterkam, weil ich nicht schlafen konnte, und dann gesprächig wurde, voll quirligem Übermut, und versuchte, mich in ihr Gespräch einzumischen. Ich verstand, dass sie über Dinge redeten, die ich nicht hören sollte. Sie waren unerklärlicherweise Freundinnen geworden.

Ich grabschte nach einer Zigarette, und meine Mutter sagte: »Komm, komm, lass die liegen. Wir unterhalten uns.« Ailsa sagte, ich sollte mir aus dem Kühlschrank etwas zu trinken holen, eine Cola oder ein Ginger Ale. Das tat ich, und anstatt es nach oben mitzunehmen, ging ich hinaus.

Ich setzte mich auf die Hintertreppe, aber die Stimmen der Frauen wurden sofort zu leise, als dass ich etwas von ihrem bedauernden oder beruhigenden Gemurmel verstehen konnte. Also streifte ich im Garten umher, außerhalb des Lichtflecks, der durch die Gittertür fiel.

Das lange weiße Haus mit den Glasbausteinen wurde jetzt von neuen Leuten bewohnt. Die Shantzes waren weggezogen, um ganzjährig in Florida zu wohnen. Sie schickten meinen Tanten Apfelsinen, die, sagte Ailsa, einem die Apfelsinen, die man in Kanada kaufen konnte, für immer verleideten. Die neuen Bewohner hatten einen Swimmingpool angelegt, der hauptsächlich von den beiden hübschen halbwüchsigen Töchtern benutzt wurde – Mädchen, für die ich Luft war, wenn ich ihnen auf der Straße begegnete – und von den Freunden der Töchter. Die Sträucher zwischen dem Garten meiner Tanten und ihrem waren mittlerweile hoch gewachsen, aber ich konnte alle drüben immer noch dabei beobachten, wie sie um den Swimmingpool rannten und sich gegenseitig hineinstießen, unter großem Geschrei und Geplansche. Ich verachtete ihre Eskapaden, denn ich nahm das Leben ernst und hatte eine wesentlich erhabenere und zärtlichere Vorstellung von der Liebe. Ich hätte aber trotzdem gern ihre Aufmerksamkeit errungen. Es wäre schön gewesen, hätten sie meinen bleichen Schlafanzug im Dunkeln umhergehen sehen und vor echtem Entsetzen aufgeschrien, weil sie dachten, ich sei ein Gespenst.

Die Kinder bleiben hier

Vor dreißig Jahren verbrachte eine Familie die Ferien gemeinsam an der Ostküste von Vancouver Island. Ein junger Vater und eine junge Mutter, ihre beiden kleinen Töchter und ein älteres Ehepaar, die Eltern des Mannes.

Welch tadelloses Wetter. Jeder Morgen herrlich, jeder, schon in aller Frühe fällt klares Sonnenlicht durch die hohen Zweige und brennt den Dunst über dem stillen Wasser der Georgia-Meerenge fort. Es herrscht Ebbe, das Wasser hat sich weit zurückgezogen, und eine große, leere Sandfläche ist noch feucht, aber es geht sich gut darauf, wie auf Beton im allerletzten Stadium des Trocknens. Genau genommen hat sich das Wasser weniger weit zurückgezogen; jeden Morgen schrumpft der Sandstrand, erscheint aber immer noch recht breit. Für den Großvater sind die Veränderungen der Gezeiten ein Gegenstand von großem Interesse, für alle anderen weniger.

Pauline, die junge Mutter, mag den Strand eigentlich nicht so, sie mag den Weg lieber, der hinter den Ferienhäusern etwa zwei Kilometer lang nach Norden verläuft, bis er am Ufer eines Flüsschens endet, das ins Meer mündet.

Wenn die Gezeiten nicht wären, könnte man leicht vergessen, dass man am Meer ist. Man blickt übers Wasser zu den Bergen auf dem Festland, den Gebirgszügen, die den westlichen Wall des nordamerikanischen Kontinents bilden. Diese Buckel und Hörner, die jetzt klar aus dem Dunst auftauchen und hier und da durch die Bäume zu sehen sind, für Pauline, während sie den Kinderwagen den Weg entlang schiebt, sind für den Großvater ebenfalls von Interesse. Und für seinen Sohn Brian, den Mann von Pauline. Die beiden Männer versuchen immer wieder festzulegen, welche was sind. Welche der Zacken sind tatsächlich Berge auf dem Festland und welche sind trügerische Gipfel auf den Inseln, die der Küste vorgelagert sind? Es fällt schwer, alles richtig einzuordnen, wenn die Anordnung kompliziert ist und Teile davon im wechselnden Licht des Tages ihre Entfernung verändern.

Aber es gibt eine Landkarte, unter Glas aufgestellt zwischen den Ferienhäusern und dem Strand. Man kann dort stehen und auf die Karte schauen, dann anschauen, was vor einem liegt, und wieder auf die Karte schauen, bis man alles richtig eingeordnet hat.

Der Großvater und Brian tun das jeden Tag und geraten meistens in Streit, obwohl man meinen sollte, dass mit der Karte vor der Nase nicht viel Raum für Meinungsverschiedenheiten bleibt. Brian zieht es vor, die Karte für ungenau zu halten. Aber sein Vater will kein Wort der Kritik an irgendeinem Detail dieses Ortes hören, den er für die Ferien ausgesucht hat. Die Karte, wie die Unterbringung und das Wetter, ist tadellos.

Brians Mutter weigert sich, auf die Karte zu schauen. Sie sagt, das bringt sie durcheinander. Die Männer lachen über sie und haben sich damit abgefunden, dass sie durcheinander ist. Ihr Mann glaubt, das liegt daran, dass sie eine Frau ist. Brian glaubt, das liegt daran, dass sie seine Mutter ist. Sie sorgt sich ständig darum, ob schon jemand Hunger hat oder Durst, ob die Kinder ihre Sonnenhüte aufhaben und mit Sonnenschutzöl eingerieben sind. Und was ist das für ein merkwürdiger Stich auf Caitlins Arm, der nicht aussieht wie ein Mückenstich? Sie zwingt ihren Mann, einen lappigen Baumwollhut zu tragen, und meint, dass Brian auch einen tragen sollte – sie erinnert ihn daran, wie krank ihn die Sonne gemacht hat, in jenem Sommer am Okanagan, als er noch ein Kind war. Manchmal sagt Brian zu ihr: »Ach, halt die Klappe, Mutter.« Sein Ton ist meistens liebevoll, aber es kommt vor, dass sein Vater ihn fragt, ober meint, so mit seiner Mutter reden zu können.

»Das macht ihr nichts aus«, sagt Brian.

»Woher weißt du das?«, sagt sein Vater.

»Ach, hört schon auf«, sagt seine Mutter.

Pauline gleitet jeden Morgen gleich nach dem Aufwachen aus dem Bett, gleitet aus der Reichweite von Brians langen, verschlafen suchenden Armen und Beinen. Aufgewacht ist sie vom ersten Quieken und Brabbeln des Babys, Mara, im Kinderzimmer, dann vom Knarren des Kinderbettchens, wenn Mara – die jetzt sechzehn Monate alt ist und aus dem Säuglingsalter herauswächst sich am Gitter hochzieht und auf ihre Beinchen stellt. Mara fährt fort, leise und freundlich zu schwatzen, während Pauline sie heraushebt – Caitlin, fast fünf Jahre alt, dreht sich in ihrem Bett gleich daneben um, wacht aber nicht auf – und während sie in die Küche getragen wird, um dort auf dem Fußboden gewindelt zu werden. Dann wird sie in ihren Kinderwagen gesetzt, mit einem Keks und einem Fläschchen Apfelsaft, während Pauline sich ein Strandkleid und Sandalen anzieht, ins Badezimmer geht und sich das Haar kämmt – alles so rasch und leise wie möglich. Sie verlassen das Ferienhaus; an ein paar anderen Häusern vorbei geht es zu dem holperigen, unbefestigten Weg, der größtenteils noch in tiefem Morgenschatten liegt, überwölbt von Tannen und Zedern.

Der Großvater, auch ein Frühaufsteher, sieht die

beiden von der Veranda seines Ferienhauses aus, und Pauline sieht ihn. Aber sie winken sich nur zu, mehr ist nicht nötig. Er und Pauline haben sich nie viel zu sagen (obwohl sie manchmal eine Wahlverwandtschaft zueinander spüren, wenn Brian wieder einmal ausgiebig mit seinen Mätzchen nervt oder die Großmutter mit ihrer demutsvollen, aber hartnäckigen Betulichkeit; sie vermeiden es bewusst, sich anzusehen, damit ihr Blickwechsel nicht eine Resignation eingesteht, die auf andere ein schlechtes Licht werfen könnte).

In diesen Ferien stiehlt Pauline Zeit, um für sich zu sein – mit Mara zusammen sein ist immer noch fast dasselbe wie für sich sein. Spaziergänge am frühen Morgen, der späte Vormittag, wenn sie die Windeln auswäscht und aufhängt. Sie hätte nachmittags noch eine weitere Stunde haben können, wenn Mara ihr Mittagsschläfchen hält. Aber Brian hat am Strand einen Wind- und Sonnenschutz errichtet, und jeden Tag trägt er das Laufställlchen hinunter, damit Mara dort schlafen kann und Pauline sich nicht zurückziehen muss. Er sagt, es könnte seine Eltern kränken, wenn sie sich immer davonschleicht. Er räumt jedoch ein, dass sie etwas Zeit braucht, um ihren Text zu lernen für das Stück, in dem sie mitspielen wird, daheim in Victoria, im September.

Pauline ist keine Schauspielerin. Es handelt sich um eine Amateuraufführung, aber sie ist nicht einmal

Amateurschauspielerin. Sie hat nicht für die Rolle vorgesprochen, obwohl sie zufälligerweise das Stück schon gelesen hatte. *Eurydike* von Jean Anouilh. Aber schließlich hat Pauline alles Mögliche gelesen.

Ein Mann, den sie im Juni auf einer Grillparty kennenlernte, fragte sie, ob sie in dem Stück mitspielen wollte. Auf dieser Grillparty waren hauptsächlich Lehrer und Lehrerinnen mit ihren Ehefrauen oder Ehemännern zu Gast – sie fand im Haus des Rektors der High School statt, an der Brian unterrichtete. Die Französischlehrerin war Witwe – sie hatte ihren erwachsenen Sohn mitgebracht, der den Sommer über bei ihr wohnte und als Nachtportier in einem Hotel in der Innenstadt arbeitete. Sie erzählte allen, dass er eine Dozentur an einem College im Westen des Bundesstaates Washington bekommen hatte und im Herbst anfangen würde.

Jeffrey Morgue hieß er. »Wie das Leichenschauhaus«, sagte er, als verletzte ihn die Abgedroschenheit des Witzes. Er hieß anders als seine Mutter, weil sie zweimal verwitwet und er der Sohn aus erster Ehe war. Über die Dozentur sagte er: »Keine Garantie für länger, ich habe nur einen Jahresvertrag.«

Was sollte er unterrichten?

»Schauspiel«, sagte er und zog das Wort höhnisch in die Länge.

Auch von seiner gegenwärtigen Tätigkeit sprach er abfällig.

»Ein ziemlich verkommener Laden«, sagte er. »Vielleicht haben Sie davon gehört – letzten Winter ist da eine Nutte umgelegt worden. Und dann kriegen wir die Versager rein, die sich nur anmelden, um sich den goldenen Schuss zu setzen oder die Kugel zu geben.«

Die Leute wussten nicht recht, was sie von dieser Art zu reden halten sollten, und entfernten sich von ihm. Nur Pauline nicht.

»Ich habe vor, ein Stück zu inszenieren«, sagte er. »Würden Sie gern darin mitspielen?« Er fragte sie, ob sie je von einem Stück mit dem Titel *Eurydike* gehört hätte.

Pauline sagte: »Sie meinen das von Anouilh?«, und er war ehrlich überrascht. Er sagte sofort, er wüsste nicht, ob es je zustande käme. »Ich dachte nur, könnte interessant sein, mal zu sehen, ob man hier im Lande von Noël Coward auch was anderes machen kann.«

Pauline konnte sich nicht erinnern, wann ein Stück von Noël Coward in Victoria aufgeführt worden war, obwohl wahrscheinlich mehrere gespielt worden waren. Sie sagte: »Wir haben letzten Winter im College Theater *Die Herzogin von Malfi* gesehen. Und das Kleine Theater hat *Das Ping, das um die Welt ging* gemacht, aber das haben wir nicht gesehen.«

»Ah, ja«, sagte er errötend. Sie hatte ihn für älter

gehalten, als sie selber war, mindestens so alt wie Brian (der dreißig war, obwohl viele Leute sagten, dass er sich nicht so benahm), aber sobald er mit ihr redete, in dieser lässigen, wegwerfenden Art, wobei er nie ihrem Blick begegnete, kam ihr der Verdacht, dass er jünger war, als er sich gab. Jetzt, bei seinem roten Kopf, war sie dessen sicher.

Wie sich herausstellte, war er ein Jahr jünger als sie. Fünfundzwanzig.

Sie sagte, sie könnte die Eurydike nicht spielen; sie wäre keine Schauspielerin. Aber Brian kam zu ihnen, um zu hören, worüber sie sich unterhielten, und sagte sofort, dass sie es versuchen musste.

»Sie braucht einfach einen Tritt in den Hintern«, sagte Brian zu Jeffrey. »Sie ist wie ein kleiner Maulesel, es ist schwer, sie auf Trab zu bringen. Nein, im Ernst, sie nimmt sich zu sehr zurück, das sage ich ihr ständig. Sie ist sehr klug. Sie ist eigentlich viel klüger als ich.«

Daraufhin sah Jeffrey Pauline direkt in die Augen frech und prüfend –, und jetzt war es an ihr, zu erröten.

Er hatte sie sofort wegen ihres Aussehens zu seiner Eurydike erkoren. Aber nicht, weil sie schön war. »Ich würde diese Rolle nie mit einem schönen Mädchen besetzen«, sagte er. »Ich weiß nicht, ob ich in irgendeiner Rolle je ein schönes Mädchen auf die Bühne bringen würde. Es ist zu viel. Es lenkt ab.«

Was meinte er also mit ihrem Aussehen? Er sagte, es wären ihre Haare, die lang und dunkel und ziemlich buschig waren (zu der Zeit überhaupt nicht in Mode), und ihre blasse Haut (»Vermeiden Sie in diesem Sommer die Sonne«) und vor allem ihre Augenbrauen.

»Die konnte ich nie ausstehen«, sagte Pauline, nicht ganz aufrichtig. Ihre Augenbrauen waren gerade, dunkel und kräftig. Sie beherrschten ihr Gesicht. Wie ihr Haar waren sie nicht in Mode. Aber wenn sie sie wirklich nicht ausstehen konnte, hätte sie sie dann nicht gezupft?

Jeffrey schien sie nicht gehört zu haben. »Sie geben Ihnen einen mürrischen Ausdruck, und das irritiert«, sagte er. »Außerdem ist Ihr Unterkiefer ein bisschen wuchtig, und das ist irgendwie griechisch. Im Film, wo ich Nahaufnahmen von Ihnen machen könnte, käm's noch besser. Das Übliche für die Eurydike wäre ein Mädchen, das ätherisch aussieht. Aber ich will nichts Ätherisches.«

Während sie Mara spazieren fuhr, arbeitete Pauline tatsächlich an ihrem Text. Ein Monolog am Ende bereitete ihr Mühe. Sie schob den Kinderwagen über den holperigen Weg und sagte den Text her: »Weißt du, du bist schrecklich, schrecklich wie ein Engel. Du glaubst, dass alle stark und klar einhergehen wie du … O bitte, sieh mich nicht an, Liebling, sieh mich noch nicht an … Vielleicht bin ich nicht so, wie du mich wolltest. Aber ich bin da und ich bin warm, ich bin sanft und ich liebe dich. Ich werde dir alle Glückseligkeit schenken, die ich dir schenken kann. Sieh mich nicht an. Lass mich leben.«

Sie hatte etwas ausgelassen. »Vielleicht bin ich nicht so, wie du mich wolltest, aber du fühlst mich an dir, nicht wahr? Ich bin warm und ich bin sanft …«

Sie hatte Jeffrey gesagt, dass sie das Stück schön fand.

Er erwiderte: »Ach, ja?«. Was sie gesagt hatte, beeindruckte oder überraschte ihn nicht – war in seinen Augen konventionell, überflüssig. Er hätte ein Stück nie so beschrieben. Er sprach davon eher als einer Hürde, die es zu überwinden galt. Auch als einer Herausforderung, um sie etlichen Feinden entgegenzuschleudern. Den akademischen Hirnfurzern – wie er sie nannte –, die *Die Herzogin von Malfi* gemacht hatten. Und den Boulevardnulpen – wie er sie nannte – im Kleinen Theater. Er sah sich als einen Außenseiter, der sich gegen diese Leute behaupten musste und sein Stück – er nannte es seins – gegen ihre Verachtung und Ablehnung auf die Bühne brachte. Anfangs dachte Pauline, dass er sich das alles einbildete und dass diese Leute wahrscheinlich gar nichts von ihm wussten. Dann passierte immer wieder etwas, das vielleicht Zufall war, aber vielleicht auch nicht. In dem Gemeindesaal, in dem das Stück aufgeführt werden sollte, mussten Reparaturen durchgeführt werden, sodass er nicht zur Verfügung stand. Unerwartet erhöhten sich die Druckkosten der Plakate. Allmählich sah sie es wie er. Wenn man viel mit ihm zu tun hatte, war man nahezu gezwungen, es so zu sehen wie er – Widerspruch war gefährlich und anstrengend.

»Schweinehunde«, sagte Jeffrey mit zusammengebissenen Zähnen, aber nicht ohne Genugtuung. »Hätte mich auch gewundert.«

Die Proben fanden im Obergeschoss eines alten Gebäudes in der Fisgard Street statt. Der Sonntagnachmittag war die einzige Zeit, zu der sich alle einfinden konnten, obwohl es auch Einzelproben unter der Woche gab. Der pensionierte Hafenlotse, der Monsieur Henri spielte, war in der Lage, jeder Probe beizuwohnen, wodurch er eine irritierende Vertrautheit mit dem Text aller anderen erlangte. Aber die Friseuse – die bislang nur Erfahrung mit Gilbert und Sullivan besaß und nun Eurydikes Mutter darstellen sollte – konnte zu keiner anderen Zeit lange aus ihrem Laden fort. Der Busfahrer, der ihren Liebhaber spielte, ging ebenfalls werktags seiner Beschäftigung nach, wie auch der Kellner, der den Orpheus spielte (er als Einziger von ihnen hoffte, eines Tages ein richtiger Schauspieler zu werden). Pauline war auf manchmal unzuverlässige Babysitter angewiesen – denn in den ersten sechs Wochen der Sommerferien hielt Brian einen Ferienkurs ab –, und Jeffrey selbst hatte um acht Uhr abends seinen Dienst im Hotel anzutreten. Aber an den Sonntagnachmittagen waren alle da. Während andere im Thetis Lake badeten oder durch den Beacon Hill Park strömten, um sich unter den Bäumen zu ergehen oder die Enten zu füttern, oder weit aus der Stadt hinaus zu den Pazifikstränden fuhren, plagten sich Jeffrey und sein Ensemble in dem staubigen, hohen Raum in der Fisgard Street. Die Fenster hatten Rundbögen wie in einer schlichten, altehrwürdigen Kirche und wurden in der Hitze mit allem offen gehalten, was sich finden ließ, seien es Kassenbücher aus den zwanziger Jahren, die noch von dem einstmals im Erdgeschoss untergebrachten Hutgeschäft stammten, oder übrig gebliebene Holzstücke von den Spannrahmen des Malers, dessen Leinwände jetzt an einer Wand lehnten, offenbar herrenlos. Die Fensterscheiben waren verrußt, aber draußen prallte das Sonnenlicht mit jener besonderen Sonntagshelligkeit auf die Bürgersteige, die leeren, kiesbedeckten Parkplätze und die flachen, mit Mörtel verputzten Gebäude. Kaum jemand war auf diesen Straßen der Innenstadt unterwegs. Nichts war offen, nur hier und da ein Kaffeebüdchen oder ein fliegenverschmutzter Kramladen.

In der Pause war es immer Pauline, die hinausging, um Brause und Kaffee zu holen. Und wenn es um das Stück und die Proben ging, hatte sie von allen am wenigsten zu sagen, obwohl sie die Einzige war, die es vorher gelesen hatte, denn sie war auch die Einzige, die noch nie auf irgendeiner Bühne gestanden hatte. Daher kam es ihr richtig vor, dass sie als Botenjunge einsprang. Sie genoss ihren kurzen Gang durch die leeren Straßen – sie fühlte sich, als wäre sie zu einer Großstädterin geworden, frei und alleinstehend, die im gleißenden Schein eines wichtigen Traums lebte. Manchmal dachte sie an Brian zu Hause, wie er im Garten arbeitete und ein Auge auf die Kinder hatte. Oder vielleicht war er mit ihnen zur Dalles Road gefahren – sie erinnerte sich an ein Versprechen –, um auf dem Teich kleine Boote segeln zu lassen. Dieses Leben erschien ihr kümmerlich und langweilig im Vergleich zu dem, was im Probenraum vorging – den Stunden der Anstrengung, der Konzentration, der scharfen Wortwechsel, des Schwitzens und der Spannung. Sogar der Geschmack des Kaffees, seine brühheiße Bitterkeit und die Tatsache, dass fast alle ihm den Vorzug gaben vor erfrischenderem und vielleicht gesünderem eisgekühlten Fruchtsaft, stellte sie zufrieden. Und sie mochte den Anblick der Schaufenster. Dies war keine von den aufgemotzten Straßen um den Hafen – es war eine Straße von Geschäften, in denen Schuhe besohlt und Fahrräder repariert wurden, von Läden mit herabgesetzter Bettwäsche und billigen Stoffen, mit Kleidung und Möbeln, die schon so lange ausgestellt waren, dass sie gebraucht aussahen, obwohl sie es nicht waren. Hinter manchen Schaufenstern hingen Bahnen goldener Plastikfolie, so zart und verknittert wie altes Zellophan, um die Waren vor der Sonne zu schützen. Alle diese Geschäfte lagen nur an diesem einen Tag verlassen da, aber sie sahen aus, als wären sie zeitlos, wie Höhlenmalereien oder antike Ruinen.

Als sie sagte, dass sie für einen zweiwöchigen Urlaub fort musste, sah Jeffrey drein wie vom Donner gerührt, als wäre es für ihn unvorstellbar, dass es in ihrem Leben so etwas wie Urlaub geben könnte. Dann wurde er bitter und leicht sarkastisch, als wäre dies nur ein weiterer Schlag, mit dem er hätte rechnen müssen. Pauline erklärte, dass sie nur einen einzigen Sonntag versäumen würde – den in der Mitte der zwei Wochen –, da sie und Brian an einem Montag zum Norden der Insel fuhren und an einem Sonntagvormittag zurückkamen. Sie versprach, rechtzeitig zur Probe wieder da zu sein. Insgeheim fragte sie sich, wie sie das anstellen sollte – es dauerte immer viel länger, als man dachte, bis man gepackt hatte und aufbrach. Sie fragte sich, ob sie unter Umständen allein zurückfahren konnte, mit dem Bus am Morgen. Wahrscheinlich war das zu viel verlangt. Sie brachte es nicht zur Sprache.

Sie konnte ihn nicht fragen, ob es nur das Stück war, an das er dachte, nur ihre Abwesenheit von einer

Probe, die diese dunkle Wolke herbeiholte. Im Augenblick war es wohl so. Wenn er auf Proben mit ihr sprach, gab es nie irgendeine Andeutung, dass er je auch anders mit ihr sprach. Der einzige Unterschied in seinem Umgang mit ihr war, dass er von ihr, in ihrer Rolle, vielleicht weniger erwartete als von den anderen. Und das würden alle verstehen. Sie war die Einzige, die ohne weiteres genommen worden war, nur aufgrund ihres Aussehens – die anderen waren alle zu dem Vorsprechen erschienen, für das er in Cafés und Buchläden rings in der Stadt Werbezettel ausgelegt hatte. Von ihr schien er eine Starre oder Unbeholfenheit zu verlangen, die er bei den anderen nicht wollte. Vielleicht, weil sie im zweiten Teil des Stückes eine Person darstellte, die schon gestorben war.

Dennoch war sie überzeugt, dass alle Übrigen im Ensemble wussten, was vorging, trotz Jeffreys achtloser, abrupter und ziemlich unhöflicher Art. Sie wussten, nachdem sie sich alle auf den Heimweg gemacht hatten, würde er durch den Raum gehen und die Tür zum Treppenhaus verriegeln. (Anfangs hatte Pauline so getan, als ginge sie mit den anderen, war sogar ins Auto gestiegen und um den Block gefahren, aber später war ihr solch ein Possenspiel beleidigend vorgekommen, nicht nur für sie und Jeffrey, sondern auch für die anderen, die sie ganz bestimmt nicht verraten würden, alle eine verschworene Gemeinschaft unter dem zeitlich befristeten, aber mächtigen Bann des Stücks.)

Jeffrey ging durch den Raum und verriegelte die Tür. Jedes Mal war das wie eine neue Entscheidung, die er zu treffen hatte. Bis es getan war, sah sie ihn nicht an. Das Geräusch des Riegels, das verhängnisvolle oder endgültig das Schicksal besiegelnde Geräusch von Metall auf Metall löste bei ihr ein gewisses Erschrecken aus. Trotzdem rührte sie sich nicht, wartete darauf, dass er zu ihr zurückkam, während die Anstrengung des Nachmittags aus seinem Gesicht wich, der Ausdruck nüchterner und erwarteter Enttäuschung sich verflüchtigte und einer lebendigen Kraft Platz machte, die sie immer wieder überraschte.

»Dann erzähl uns doch mal, worum es in deinem Stück geht«, sagte Brians Vater. »Ist es eins von denen, wo sie sich auf der Bühne ausziehen?«

»Jetzt lass sie doch«, sagte Brians Mutter.

Brian und Pauline hatten die Kinder zu Bett gebracht und waren auf ein Glas ins Ferienhaus seiner Eltern gekommen. Hinter ihnen ging die Sonne unter, hinter den Wäldern von Vancouver Island, aber die Berge vor ihnen, jetzt alle klar und scharf umrissen gegen den Himmel, leuchteten im rosigen Licht.

»Niemand zieht sich aus, Dad«, sagte Brian mit

seiner dröhnenden Klassenzimmerstimme. »Und weißt du auch, warum? Weil sie gar nichts an haben. Das ist die neueste Mode. Als Nächstes werden sie einen splitternackten *Hamlet* auf die Bühne bringen. *Romeo und Julia*, splitternackt. Mannomann, die Balkonszene, wo Romeo am Spalier hochklettert und in den Rosensträuchern festsitzt –.«

»Ach, Brian«, sagte seine Mutter.

»Die Sage von Orpheus und Eurydike erzählt, dass Eurydike gestorben ist«, sagte Pauline. »Und Orpheus geht hinab in die Unterwelt und will sie zurückholen. Und sein Wunsch geht in Erfüllung, aber nur, wenn er verspricht, sie nicht anzusehen. Sich nicht nach ihr umzudrehen. Sie geht nämlich hinter ihm –«

»Zwölf Schritte«, sagte Brian. »Wie es sich gehört.«

»Es ist eine griechische Sage, aber sie spielt in der heutigen Zeit«, sagte Pauline. »Wenigstens diese Fassung. Mehr oder weniger im Heute. Orpheus ist ein Musikant, der mit seinem Vater umherzieht – beide sind Musikanten –, und Eurydike ist Schauspielerin. Und zwar in Frankreich.«

»Übersetzt?«, fragte Brians Vater.

»Nein«, sagte Brian. »Aber mach dir keine Sorgen, es ist nicht auf Französisch. Es wurde auf Transsylvanisch geschrieben.«

»Es ist so schwer, sich einen Reim auf alles zu machen«, sagte Brians Mutter mit besorgtem Auflachen. »Es ist so schwer, wenn Brian dabei ist.«

»Es ist auf Englisch«, sagte Pauline.

»Und du bist die wie heißt sie noch?«

Sie sagte: »Ich bin Eurydike.«

»Und holt er dich zurück?«

»Nein«, sagte sie. »Er sieht sich nach mir um, und dann muss ich tot bleiben.«

»Oh, ein trauriges Ende«, sagte Brians Mutter.

»So hinreißend siehst du aus?«, fragte Brians Vater skeptisch. »Dass er nicht anders kann, er muss sich umdrehen?«

»Das ist es nicht«, sagte Pauline. Aber an diesem Punkt spürte sie, dass ihr Schwiegervater etwas erreicht hatte, er hatte getan, was in seiner Absicht lag, was nahezu immer in seiner Absicht lag, in jedem Gespräch, das sie mit ihm führte. Nämlich, das Gefüge einer Erklärung, um die er sie gebeten und die sie widerwillig, aber geduldig gegeben hatte, zu durchbrechen und mit einem scheinbar beiläufigen Tritt auf den Müll zu befördern. Er war ihr auf diese Weise lange Zeit gefährlich gewesen, heute Abend jedoch nicht besonders.

Aber das wusste Brian nicht. Brian überlegte immer noch, wie er ihr beispringen konnte.

»Pauline sieht doch hinreißend aus«, sagte Brian.

»Das stimmt«, sagte seine Mutter.

»Vielleicht, wenn sie zum Friseur gehen würde«,

sagte sein Vater. Aber Paulines langes Haar war ein so alter Einwand von ihm, dass er zum Familienscherz geworden war. Sogar Pauline lachte. Sie sagte: »Das kann ich mir erst leisten, wenn das Verandadach repariert ist.« Und Brian lachte schallend, voll Erleichterung, dass sie fähig war, all dies als Scherz hinzunehmen. Genau, wie er es ihr immer geraten hatte.

»Du musst einfach zurückflachsen«, sagte er. »Das ist die einzige Art, mit ihm fertig zu werden.«

»Na ja, wenn ihr euch ein ordentliches Haus gekauft hättet«, sagte sein Vater. Aber das war wie Paulines Haar ein so altbekannter Stein des Anstoßes, dass es niemand in Harnisch bringen konnte. Brian und Pauline hatten in einer Straße in Victoria, wo alte Villen in dürftige Mietshäuser umgewandelt wurden, ein hübsches Haus in schlechtem baulichem Zustand gekauft. Das Haus, die Straße, die viel Schmutz machenden alten Garry-Eichen, die Tatsache, dass unter dem Haus kein Keller in den Fels gesprengt worden war, all das war für Brians Vater ein Graus. Brian pflichtete ihm für gewöhnlich bei und suchte ihn noch zu überbieten. Wenn sein Vater auf das Haus nebenan zeigte, an dem sich kreuz und quer schwarze Feuerleitern spannten, und fragte, was für Nachbarn sie hatten, antwortete Brian: »Ganz arme Leute, Dad. Drogensüchtige.« Und als sein Vater wissen wollte, wie das Haus geheizt wurde, hatte er gesagt: »Kohleheizung. Gibt inzwischen kaum noch solche Öfen, Kohlen sind billig. Macht natürlich Schmutz und stinkt.«

Was sein Vater also jetzt von einem ordentlichen Haus sagte, konnte eine Art Friedenssignal sein. Oder dafür gehalten werden.

Brian war Einzelkind. Er war Mathematiklehrer. Sein Vater war Bauingenieur und Teilhaber einer Baufirma. Falls er gehofft hatte, einen Sohn zu haben, der Ingenieur wurde und vielleicht in die Firma eintrat, so erwähnte er das nie. Pauline hatte Brian gefragt, ob seiner Meinung nach das Genörgel an ihrem Haus und ihrem Haar und den Büchern, die sie las, ein Deckmantel für diese größere Enttäuschung sein konnte, aber Brian hatte gesagt: »Nein. In unserer Familie beklagen wir uns nur über das, worüber wir uns gerade beklagen wollen. Wir sind nicht raffiniert, Madame.«

Pauline wunderte sich immer noch, wenn sie seine Mutter davon reden hörte, dass Lehrer die höchstgeachteten Menschen auf der Welt sein müssten, dass sie nicht halb die Anerkennung bekamen, die sie verdienten, und dass sie nicht wusste, wie Brian es Tag für Tag schaffte. Dann sagte sein Vater wohl: »Da hast du recht« oder: »Ich würde das nicht machen wollen, das kann ich dir sagen. Und wenn sie mir noch so viel zahlen würden.«

»Keine Sorge, Dad«, sagte Brian dann. »Sie würden dir nicht viel zahlen.«

Brian war in seinem Alltagsleben eine wesentlich dramatischere Person als Jeffrey. Er beherrschte seine Schulklassen durch eine dauernde Parade von Witzen und Possen und weitete die Rolle, die er Paulines Überzeugung nach gegenüber seiner Mutter und seinem Vater immer gespielt hatte, noch aus. Er stellte sich dumm, er erholte sich rasch wieder von vorgetäuschten Demütigungen, er teilte Beleidigungen aus. Er war ein Despot zu einem guten Zweck – ein schikanierender, fröhlicher, unverwüstlicher Despot.

»Ihr Junge hat sich hervorragend bei uns gemacht«, sagte der Rektor zu Pauline. »Er hat nicht nur überlebt, was schon eine Leistung ist. Er macht sich hervorragend.«

Ihr Junge.

Brian nannte seine Schüler Holzköpfe. Sein Ton war liebevoll, fatalistisch. Er sagte, sein Vater sei der König der Philister, ein Barbar reinsten Wassers. Und seine Mutter ein Spüllappen, gutmütig und abgenutzt. Aber wie er diese Menschen auch abtat, er hielt es nie lange ohne sie aus. Er fuhr mit seinen Schülern zelten. Und er konnte sich keinen Sommer ohne diesen gemeinsamen Urlaub vorstellen. Er stand jedes Jahr entsetzliche Angst aus, Pauline könnte sich weigern, mitzukommen. Oder könnte, nachdem sie eingewilligt hatte, unglücklich sein, beleidigt von einer Äußerung seines Vaters, verstimmt, weil sie so viel Zeit mit seiner Mutter verbringen musste, mürrisch, weil es keine Möglichkeit gab, etwas zu zweit zu unternehmen. Könnte beschließen, einen Sonnenbrand vorzutäuschen und den ganzen Tag in ihrem eigenen Ferienhaus mit Lesen zuzubringen.

Alle diese Dinge waren in früheren Urlauben passiert. Aber in diesem Jahr war sie entspannter. Er sagte, dass er ihr das anmerkte, und er war ihr dankbar.

»Ich weiß, das ist anstrengend«, sagte er. »Bei mir ist das etwas anderes. Es sind meine Eltern, und ich bin es gewohnt, sie nicht ernst zu nehmen.«

Pauline kam aus einer Familie, in der die Dinge so ernst genommen wurden, dass ihre Eltern sich scheiden ließen. Ihre Mutter war inzwischen tot. Sie hatte ein herzliches, wenn auch distanziertes Verhältnis zu ihrem Vater und ihren beiden wesentlich älteren Schwestern. Sie sagte, dass sie nichts miteinander gemein hatten. Sie wusste, Brian war außer Stande zu verstehen, wie das ein Grund sein konnte. Sie sah, wie gut es ihm tat, dass in diesem Jahr alles so glatt lief. Sie hatte das, was ihn daran hinderte, das Abkommen zu brechen, für Faulheit oder Feigheit gehalten, aber jetzt erkannte sie, dass es etwas weitaus Positiveres war. Er brauchte es, seine Frau und seine Eltern und seine Kinder so aneinander zu ketten, er brauchte es, Pauline an seinem Leben mit seinen

Eltern teilhaben zu lassen und ihr bei seinen Eltern Anerkennung zu verschaffen – obwohl die Anerkennung von seinem Vater, wenn überhaupt, nur verhüllt und widerborstig gewährt wurde und von seiner Mutter zu verschwenderisch, zu billig, um viel zu bedeuten. Außerdem wollte er, dass Pauline, dass die Kinder zu seiner eigenen Kindheit in Verbindung traten – er wollte diese Ferien mit den Ferien seiner Kindheit verknüpfen, mit ihrem günstigen oder ungünstigen Wetter, mit ihren Autopannen, Bootshavarien, Bienenstichen und endlosen Monopolyspielen, mit all den Dingen, die ihn angeblich zu Tode langweilten, wenn seine Mutter davon erzählte. Er wollte, dass von diesem Sommer Fotos gemacht und in das Album seiner Mutter eingeklebt wurden, eine Fortsetzung all der anderen Fotos, bei deren Erwähnung er aufstöhnte.

Die einzige Zeit, in der sie miteinander reden konnten, war spätabends, im Bett. Aber dann redeten sie wirklich miteinander, mehr, als sie es sonst zu Hause taten, wo Brian so müde war, dass er oft sofort einschlief. Und bei Tage ließ sich wegen seiner Witze oft nur schwer mit ihm reden. Sie konnte sehen, wie der Witz seine Augen aufhellte (sein Farbtypus ähnelte stark dem ihren – dunkles Haar und blasse Haut und graue Augen, aber ihre Augen waren wolkig und seine waren hell, wie klares Wasser über Steinen). Sie konnte sehen, wie es an seinen Mundwinkeln zog, während er ihre Worte durchstöberte, auf der Suche nach einem Wortspiel oder einem Reim – alles, wenn es nur vom Gespräch wegführte ins Absurde. Sein ganzer Körper, hoch aufgeschossen und schlaksig und immer noch fast so mager wie der eines Halbwüchsigen, zuckte von seinem Drang zum Komischen. Vor ihrer Heirat mit ihm hatte Pauline eine Freundin namens Gracie, ein mürrisch dreinschauendes Mädchen, das Männer vom Sockel holen wollte. Brian hatte sie für jemanden gehalten, der aufgeheitert werden musste, also strengte er sich noch mehr an als sonst. Und Gracie sagte zu Pauline: »Wie hältst du die Nonstop-Show aus?«

»Das ist nicht der wahre Brian«, hatte Pauline gesagt. »Wenn wir allein sind, ist er anders.« Aber in der Rückschau kamen ihr Zweifel, wie weit das je gestimmt hatte. Hatte sie es nur gesagt, um ihre Wahl zu verteidigen, wie man es tut, wenn man sich zur Heirat entschlossen hat?

Im Dunkeln miteinander reden hatte also etwas damit zu tun, dass sie sein Gesicht nicht sehen konnte. Und dass er wusste, sie konnte sein Gesicht nicht sehen.

Aber sogar inmitten der ungewohnten Dunkelheit und der Stille der Nacht, die durch das geöffnete Fenster eindrang, neckte er sie ein wenig. Er musste von Jeffrey als Monsieur le Directeur sprechen, was das Stück oder den Umstand, dass es ein französisches Stück war, ein wenig ins Lächerliche zog. Oder vielleicht war es Jeffrey selbst, der Ernst, mit dem er an das Stück heranging, der infrage gestellt werden musste.

Pauline kümmerte das nicht. Für sie war es ein großer Genuss und eine Erleichterung, Jeffreys Namen zu erwähnen.

Meistens jedoch erwähnte sie ihn nicht; sie umkreiste den Genuss. Sie beschrieb stattdessen alle anderen. Die Friseuse und den Hafenlotsen und den Kellner und den alten Mann, der behauptete, früher mal bei einem Hörspiel mitgewirkt zu haben. Er spielte den Vater von Orpheus und bereitete Jeffrey die meisten Schwierigkeiten, da er hartnäckig an eigenen Vorstellungen von der Schauspielerei festhielt.

Monsieur Dulac, der angejahrte Theaterdirektor, wurde von einem Vierundzwanzigjährigen gespielt, der in einem Reisebüro arbeitete. Und Mathias, Eurydikes früherer Freund und vermutlich in ihrem Alter, wurde von dem Geschäftsführer eines Schuhgeschäfts gespielt, der verheiratet war und mehrere Kinder hatte.

Brian wollte wissen, warum Monsieur le Directeur die beiden nicht umgekehrt besetzt hatte.

»Das ist eben seine Art«, sagte Pauline. »Er sieht in uns etwas, das nur er sehen kann.«

Zum Beispiel, sagte sie, war der Kellner ein unbeholfener Orpheus.

»Er ist erst neunzehn und so schüchtern, dass Jeffrey ihm ständig zusetzen muss. Er sagt ihm, er soll sich nicht aufführen, als hätte er nicht die Frau, die er liebt, sondern seine Großmutter vor sich. Er muss ihm sagen, was er tun soll. *Lass die Arme ein bisschen länger um sie, streichle sie da ein bisschen.* Ich weiß nicht, wie es werden wird – ich muss eben Jeffrey vertrauen, dass er weiß, was er tut.«

»Streichle sie da ein bisschen?«, fragte Brian. »Vielleicht sollte ich vorbeikommen und ein Auge auf die Proben haben.«

Als Pauline Jeffreys Worte zitierte, hatte sie in ihrem Schoß oder ihrem Unterleib einen Ruck gespürt, eine Schockwelle, die sich seltsam nach oben fortpflanzte und ihre Stimmbänder befiel. Um dieses Beben zu verbergen, raunzte sie, als ahmte sie ihn nach (obwohl Jeffrey niemals raunzte oder schnauzte oder sich sonstwie theatralisch gebärdete).

»Aber es hat was für sich, dass er so unschuldig ist«, sagte sie hastig. »Nicht so körperbewusst. So unbeholfen.« Und statt vom Kellner begann sie von Orpheus im Stück zu reden. Orpheus hat ein Problem mit der Liebe oder der Wirklichkeit. Orpheus will sich mit nichts Geringerem als der Vollkommenheit zufrieden geben. Er will eine Liebe, die außerhalb des normalen Lebens liegt. Er will eine vollkommene Eurydike.

»Eurydike ist realistischer. Sie hat schon was mit

Mathias und mit Monsieur Dulac gehabt. Sie hat ihre Mutter und deren Liebhaber erlebt. Sie weiß, wie die Menschen sind. Aber sie liebt Orpheus. In gewisser Weise liebt sie ihn mehr als er sie. Sie liebt ihn mehr, weil sie nicht so verblendet ist. Sie liebt ihn wie ein Mensch.«

»Aber sie hat mit den anderen geschlafen«, sagte Brian.

»Also mit Monsieur Dulac musste sie, da blieb ihr keine Wahl. Sie wollte nicht, aber nach einer Weile hat es ihr wahrscheinlich gefallen, weil sie ab einem gewissen Punkt gar nicht anders konnte.«

Also hat Orpheus unrecht, sagte Pauline entschieden. Er sieht Eurydike absichtlich an, um sie zu töten und loszuwerden. Weil sie nicht vollkommen ist. Seinetwegen muss sie ein zweites Mal sterben.

Brian, auf dem Rücken und mit weit offenen Augen (sie hörte das an seiner Stimme) sagte: »Aber stirbt er nicht auch?«

»Ja. Er entscheidet sich dazu.«

»Und dann sind sie vereint?«

»Ja. Wie Romeo und Julia. *Orpheus ist bei Eurydike. Endlich!* Das sagt Monsieur Henri. Das sind die letzten Worte im Stück. Das ist der Schluss.« Pauline drehte sich auf die Seite und legte ihre Wange an Brians Schulter – nicht um ihn zu animieren, sondern um zu betonen, was sie als Nächstes sagte. »Einerseits ist es ein schönes Stück, aber andererseits ist es so banal. Und eigentlich gar nicht wie *Romeo und Julia*, denn sie scheitern nicht an den Umständen. Sie tun es mit Absicht. Damit sie nicht gezwungen sind, weiterzuleben und zu heiraten und Kinder zu kriegen und ein altes Haus zu kaufen und es in Ordnung zu bringen und –«

»Und Affären zu haben«, sagte Brian. »Schließlich sind es Franzosen.«

Dann sagte er: »Wie meine Eltern zu werden.«

Pauline lachte. »Haben die Affären? Kann ich mir kaum vorstellen.«

»Und ob«, sagte Brian. »Ich meinte ihr Leben. Vom Verstand her begreife ich, dass man sich umbringt, damit man nicht wie seine Eltern wird. Ich glaube nur nicht, dass irgendwer es tut.«

»Jeder hat mehrere Möglichkeiten«, sagte Pauline verträumt. »Ihre Mutter und sein Vater sind beide in mancher Hinsicht verachtenswert, aber Orpheus und Eurydike müssen nicht wie sie werden. Sie sind nicht verderbt. Dass Eurydike mit diesen Männern geschlafen hat, heißt noch lange nicht, dass sie verderbt ist. Sie hat sie nicht geliebt. Sie kannte Orpheus noch nicht. An einer Stelle sagt er ihr, dass alles, was sie getan hat, an ihr kleben bleibt, und das ist widerwärtig. Die Lügen, die sie ihm aufgetischt hat. Die anderen Männer. Alles bleibt für immer an ihr kleben. Und dann bestärkt Monsieur Henri ihn natürlich darin. Er sagt Orpheus, dass er genauso schlimm werden wird und dass er eines Tages mit Eurydike die Straße entlanggehen wird und dass er aussehen wird wie ein Mann mit einem Hund, den er loswerden will.«

Zu ihrer Überraschung lachte Brian.

»Nein«, sagte sie. »Das ist eben dumm. Es ist nicht unausweichlich. Es ist überhaupt nicht unausweichlich.«

So grübelten und diskutierten sie gemütlich weiter, in einer Weise, die nicht üblich, ihnen aber auch nicht ganz fremd war. Sie hatten das in ihrer Ehe schon früher getan, in langen Abständen – die halbe Nacht geredet, über Gott oder Angst vor dem Tod oder wie man Kinder erziehen soll oder ob Geld wichtig ist. Schließlich gaben sie zu, dass sie zu müde waren, um noch klar denken zu können, legten sich kameradschaftlich zurecht und schliefen ein.

Endlich ein verregneter Tag. Brian und seine Eltern fuhren nach Campbell River, um Lebensmittel und Gin einzukaufen und um das Auto von Brians Vater in die Werkstatt zu bringen wegen eines Defekts, der sich auf der Fahrt von Nanaimo hierher eingestellt hatte. Ein sehr geringfügiger Defekt, da aber auf dem Neuwagen noch Garantie war, wollte Brians Vater ihn so schnell wie möglich durchsehen lassen. Brian musste mit seinem Auto hinterherfahren, falls die Werkstatt den Wagen seines Vaters dabehielt. Pauline sagte, sie müsse wegen Maras Mittagsschläfchen zu Hause bleiben.

Sie überredete Caitlin, sich auch hinzulegen, wobei sie ihr erlaubte, ihre Spieldose mit ins Bett zu nehmen, wenn sie sie nur ganz leise laufen ließ. Dann legte Pauline das Textbuch aufgeschlagen auf den Küchentisch und trank Kaffee und ging die Szene durch, in der Orpheus sagt, dass es am Ende unerträglich ist, in zwei Hüllen zu stecken, jeder in seiner Haut mit seinem Blut und seinem Sauerstoff eingesiegelt in Einsamkeit, und Eurydike ihm sagt, dass er schweigen soll.

»Denk nicht. Sprich nicht. Lass deine Hand über mich gleiten, lass wenigstens sie glücklich sein.«

Deine Hand ist in diesem Augenblick glücklich, sagt Eurydike. Nimm es doch hin. Nimm es hin, glücklich zu sein.

Natürlich sagt er, er kann es nicht.

Caitlin rief oft, um zu fragen, wie spät es war. Sie drehte die Spieldose laut. Pauline eilte zur Schlafzimmertür und zischte sie an, die Spieluhr leise zu stellen, Mara nicht aufzuwecken.

Aber Mara raschelte schon in ihrem Bettchen, und in den nächsten paar Minuten waren leise ermunternde Worte von Caitlin zu hören, die ihre Schwester vollends wach machen sollten. Auch Musik, die laut und dann rasch leise gestellt wurde. Dann Geräusche von Mara, die am Bettgitter rüttelte, sich daran hochzog, ihr Fläschchen auf den Boden warf und mit den Vogelpiepsern anfing, die immer verzweifelter wurden, bis sie ihre Mutter herbeiriefen.

»Ich habsie nicht geweckt«, sagte Caitlin. »Sie ist von ganz allein aufgewacht. Es regnet nicht mehr. Können wir an den Strand?«

Sie hatte recht. Es regnete nicht mehr. Pauline wechselte Maras Windeln und trug Caitlin auf, ihren Badeanzug anzuziehen und ihr Eimerchen zu suchen. Sie zog auch ihren Badeanzug an und darüber ihre Shorts, falls die anderen zurückkamen, während sie unten am Strand war. (»Dad mag es gar nicht, wie einige Frauen nur im Badeanzug aus ihren Ferienhäusern kommen«, hatte Brians Mutter zu ihr gesagt. »Wahrscheinlich sind wir beide in einer anderen Zeit aufgewachsen.«) Sie griff nach dem Textbuch, um es mitzunehmen, legte es dann wieder hin. Sie hatte Angst, sich zu sehr darin zu vertiefen und die Kinder einen Moment zu lange aus den Augen zu lassen.

Die Gedanken, die ihr kamen, an Jeffrey, waren eigentlich gar keine Gedanken – eher waren es Veränderungen in ihrem Körper. Das konnte ihr passieren, wenn sie am Strand saß (und versuchte, im Halbschatten eines Strauchs zu bleiben, um ihre Blässe zu behalten, wie Jeffrey es befohlen hatte), oder wenn sie Windeln auswrang oder wenn sie mit Brian drüben bei seinen Eltern war. Mitten in Monopolyspielen, Scrabblespielen oder Kartenspielen. Sie fuhr fort zu reden, zuzuhören, zu arbeiten, auf die Kinder zu achten, während eine Erinnerung an ihr geheimes Leben sie durchfuhr wie eine strahlend helle Explosion. Dann senkte sich eine warme Schwere in ihr, füllte besänftigend alle ihre Hohlräume. Aber das hielt nicht vor, dieser Trost versickerte, und sie war wie ein Geizhals, dessen unverhoffter Gewinn sich verflüchtigt hat und der überzeugt ist, dass ihm solch ein Glück nie wieder zuteil wird. Sehnsucht schnürte sie ein und trieb sie dazu, die Tage zu zählen. Manchmal zerteilte sie den Tag sogar in Schnipsel, um sich genauer ausrechnen zu können, wie viel Zeit schon vergangen war.

Sie dachte daran, unter einem Vorwand nach Campbell River zu fahren, damit sie ihn von einer Telefonzelle aus anrufen konnte. Die Ferienhäuser hatten kein Telefon – der einzige öffentliche Fernsprecher befand sich in der Empfangshalle des Hauptgebäudes. Aber sie wusste die Nummer von dem Hotel, in dem Jeffrey arbeitete, nicht auswendig. Außerdem konnte sie unmöglich abends weg nach Campbell River. Und wenn sie ihn tagsüber zu Hause anrief, konnte seine Mutter, die Französischlehrerin, den Hörer abnehmen. Sie ging im Sommer kaum je aus dem Haus. Ein einziges Mal hatte sie mit der Fähre einen Tagesausflug nach Vancouver gemacht. Jeffrey hatte Pauline angerufen und sie gebeten, herüberzukommen. Brian gab Unterricht, und Caitlin war in ihrer Spielgruppe.

Pauline sagte: »Ich kann nicht. Ich habe Mara.«

Jeffrey sagte: »Wen? Ach, tut mir leid.« Dann: »Kannst du sie nicht mitbringen?«

Sie sagte nein.

»Warum nicht? Kannst du ihr nicht ein paar Spielsachen mitnehmen?«

Nein, sagte Pauline. »Das kann ich nicht«, sagte sie. »Das kann ich einfach nicht.« Sie fand es zu gefährlich, das Kleinkind auf solch einen sündigen Ausflug mitzunehmen. In ein Haus, in dem Reinigungsflüssigkeiten nicht auf hohe Borde verbannt und Tabletten und Hustentropfen und Zigaretten und Knöpfe nicht außer Reichweite waren. Und selbst wenn Mara sich nicht vergiftete und nicht erstickte, konnte sie Zeitbomben speichern – Erinnerungen an ein fremdes Haus, wo sie seltsam unbeachtet blieb, an eine verschlossene Tür, an Geräusche auf der anderen Seite.

»Ich wollte dich einfach«, sagte Jeffrey. »Ich wollte dich einfach in meinem Bett haben.«

Noch einmal, schwächer, sagte sie: »Nein.«

Seine Worte kamen ihr immer wieder in den Kopf. *Ich wollte dich in meinem Bett haben.* Eine halbscherzhafte Dringlichkeit in der Stimme, aber auch eine Entschiedenheit, eine Endgültigkeit, als bedeutete »in meinem Bett« weitaus mehr, als nähme das

Bett, von dem er sprach, größere, weniger stoffliche Dimensionen an.

Hatte sie mit dieser Ablehnung einen großen Fehler begangen? Mit dieser Mahnung daran, wie eingeengt sie in dem war, was jeder ihr wirkliches Leben nennen würde?

Der Strand war fast leer – die Leute hatten sich daran gewöhnt, dass der Tag verregnet war. Der Sand war zu schwer für Caitlin, um eine Burg zu bauen oder ein Bewässerungssystem zu graben – Projekte, die sie ohnehin nur mit ihrem Vater in Angriff nahm, denn sie spürte, dass er mit Leib und Seele dabei war und Pauline nicht. Sie bummelte ein wenig verloren am Wasser entlang. Wahrscheinlich vermisste sie die anderen Kinder, die namenlosen spontanen Freunde und die gelegentlichen mit Steinen werfenden, mit Wasser spritzenden Feinde, das Kreischen und Planschen und Herumtoben. Ein Junge, ein bisschen größer als sie und offenbar ganz allein, stand weiter unten am Strand knietief im Wasser. Wenn es den beiden gelang, zusammenzukommen, dann war vielleicht alles gut; dann war das Stranderlebnis vielleicht gerettet. Pauline konnte nicht erkennen, ob Caitlin jetzt seinetwegen kurze, platschende Ausflüge ins Wasser unternahm und ob er sie mit Interesse oder Verachtung beobachtete.

Mara brauchte keine Gespielen, zumindest im Moment nicht. Sie stolperte auf das Wasser zu, spürte, wie es ihre Füße benetzte, entschied sich neu, blieb stehen, sah sich um und entdeckte Pauline. »Pao. Pao«, sagte sie, beglückt vom Wiedererkennen. »Pao« war ihr Wort für »Pauline«, statt »Mutter« oder »Mammi«. Der Blick zurück kostete sie das Gleichgewicht – sie setzte sich halb auf den Sand und halb ins Wasser, stieß einen Quieklaut der Überraschung aus, der zu einer Ankündigung wurde, dann stellte sie sich mit Hilfe einiger entschlossener, ungelenker Manöver, bei denen sie ihr Gewicht auf die Hände verlagern musste, auf die Füße, schwankend und triumphierend. Sie lief schon seit einem halben Jahr, aber die Fortbewegung im Sand war immer noch eine Herausforderung. Sie kam jetzt zu Pauline zurück und machte dabei einige vernünftige, beiläufige Bemerkungen in ihrer eigenen Sprache.

»Sand«, sagte Pauline und hielt einen Klumpen davon hoch. »Schau, Mara. Sand.«

Mara verbesserte sie und nannte ihn anders – es klang wie »Wopp«. Ihr dickes, windelgepolstertes Hinterteil, ihre drallen Bäckchen und Schultern und die wichtige Miene, mit der sie zur Seite schaute, verliehen ihr etwas von einer schelmischen Matrone.

Pauline merkte, dass jemand ihren Namen rief. Schon zum zweiten oder dritten Mal, aber da die Stimme ihr nicht vertraut war, hatte sie ihn nicht gleich erkannt. Sie stand auf und winkte. Es war die Frau, die in dem Laden im Hauptgebäude arbeitete.

Sie beugte sich über den Balkon und rief: »Mrs. Keating. Mrs. Keating? Telefon, Mrs. Keating.«

Pauline lud sich Mara auf die Hüfte und rief Caitlin. Sie und der kleine Junge hatten inzwischen voneinander Notiz genommen – beide hoben Steine vom Grund auf und warfen sie hinaus ins Wasser. Anfangs hörte sie Pauline nicht oder tat zumindest so.

»Laden«, rief Pauline. »Caitlin. Laden.« Als sie sicher war, dass Caitlin ihr folgen würde – es war das Wort »Laden«, das dafür sorgte, die Erinnerung an den winzigen Laden im Hauptgebäude, in dem man Eis und Süßigkeiten und Zigaretten und Limonade kaufen konnte –, lief sie durch den Sand und die Holztreppe hinauf, die über den Sand und die Gaultheriensträucher führte. Auf halber Höhe blieb sie stehen, sagte: »Mara, du wiegst eine Tonne«, und verlagerte das Baby auf die andere Hüfte. Caitlin schlug mit einem Stock gegen das Geländer.

»Kann ich einen Lutscher haben? Mutter? Kann ich?«

»Mal sehen.«

»Kann ich bitte einen Lutscher haben?«

»Warte.«

Das öffentliche Telefon befand sich neben einer Anschlagtafel am anderen Ende der Empfangshalle und gegenüber der Tür zum Speisesaal. Dort wurde ein Bingospiel veranstaltet, wegen des Regens.

»Hoffentlich ist er noch dran«, rief die Frau, die in dem Laden arbeitete. Sie war inzwischen hinter dem Ladentisch verschwunden.

Pauline, die immer noch Mara trug, nahm den baumelnden Hörer und sagte atemlos: »Hallo?« Sie erwartete, Brian zu hören, der ihr berichtete, er sei in Campbell River aufgehalten worden, oder sie fragte, was er ihr aus dem Drugstore mitbringen sollte. Es war nur ein Artikel – Zinksalbe –, deshalb hatte sie es nicht aufgeschrieben.

»Pauline«, sagte Jeffrey. »Ich bin's.«

Mara strampelte und stieß Pauline in die Seite, wollte heruntergelassen werden. Caitlin kam durch die Halle und ging in den Laden, unter Hinterlassung nasser, sandiger Fußstapfen. Pauline sagte: »Augenblick, Augenblick.« Sie ließ Mara hinuntergleiten und eilte, um die Tür zur Treppe zu schließen. Sie erinnerte sich nicht, Jeffrey den Namen des Hotels genannt zu haben, obwohl sie ihm ungefähr gesagt hatte, wo es war. Sie hörte die Frau im Laden mit Caitlin in schärferem Ton sprechen, als sie es mit Kindern tun würde, die von ihren Eltern begleitet waren.

»Hast du vergessen, deine Füße unter dem Hahn abzuspülen?«

»Ich bin hier«, sagte Jeffrey. »Ich bin ohne dich nicht gut zurechtgekommen. Ich bin überhaupt nicht zurechtgekommen.«

Mara machte sich auf den Weg in den Speisesaal, als wäre der Ausruf der Männerstimme »Unter der N …« eine persönliche Einladung an sie.

»Hier? Wo?«, fragte Pauline.

Sie las die Zettel, die an die Tafel neben dem Telefon gepinnt waren.

DIE BENUTZUNG VON RUDERBOOTEN ODER
KANUS IST PERSONEN UNTER
VIERZEHN JAHREN NUR IN BEGLEITUNG
ERWACHSENER GESTATTET.
ANGELWETTBEWERB.
BASAR MIT SELBSTGEBACKENEM
UND KUNSTHANDWERK,
ST. BARTHOLOMEW'S CHURCH.
IHR LEBEN LIEGT IN IHRER HAND.
LESE AUS DER HAND UND AUS KARTEN.
PREISWERT UND ZUVERLÄSSIG.
RUFEN SIE MICH AN. CLAIRE.

»In einem Motel. In Campbell River.«

Pauline wusste, wo sie war, noch bevor sie die Augen aufschlug. Nichts überraschte sie. Sie hatte geschlafen, aber nicht tief genug, um alles loszulassen.

Sie hatte auf dem Parkplatz beim Hauptgebäude auf Brian gewartet, mit den Kindern, und ihn um die Autoschlüssel gebeten. Sie hatte ihm vor seinen

Eltern gesagt, dass sie noch etwas aus Campbell River brauchte. Er fragte: Was denn? Und hatte sie Geld dabei?

»Nichts Besonderes«, sagte sie, damit er dachte, es waren Tampons oder Verhütungsmittel, die sie nicht nennen mochte. »Ja.«

»Ist gut, aber du musst tanken«, sagte er.

Später musste sie am Telefon mit ihm sprechen. Jeffrey sagte, sie musste es tun.

»Denn mir wird er es nicht abnehmen. Er wird denken, ich hätte dich gekidnappt oder so. Er wird es nicht glauben.«

Aber am seltsamsten von allen Ereignissen an diesem Tag war, dass Brian es sofort zu glauben schien. Er stand an derselben Stelle, wo noch vor wenigen Stunden sie gestanden hatte, in der Empfangshalle des Hauptgebäudes – das Bingospiel war inzwischen beendet, aber Menschen gingen vorbei, sie konnte sie hören, Menschen auf dem Weg aus dem Speisesaal nach dem Abendessen, und er sagte: »Aha. Aha. Aha. Ist gut«, mit einer Stimme, die er gut in der Gewalt hatte und die sich aus einem ungeahnten Vorrat an Fatalismus und Vorauswissen zu speisen schien.

Als hätte er längst, von Anfang an, gewusst, was mit ihr passieren konnte.

»Ist gut«, sagte er. »Was ist mit dem Auto?«

Er sagte noch etwas Anderes, etwas Unmögliches,

und legte auf, und sie kam aus der Telefonzelle neben ein paar Benzinpumpen in Campbell River.

»Das ging aber schnell«, sagte Jeffrey. »Leichter, als du erwartet hast.«

Pauline sagte: »Ich weiß nicht.«

»Vielleicht hat er es unterschwellig gewusst. Die meisten wissen es.«

Sie schüttelte den Kopf, damit er schwieg, und er sagte: »Entschuldige.« Sie gingen die Straße hinunter, ohne sich zu berühren oder miteinander zu reden.

Sie hatten hinausgehen und eine Telefonzelle suchen müssen, weil es in dem Motelzimmer kein Telefon gab. Als Pauline sich jetzt am frühen Morgen in Muße umschaute – die erste Muße oder Freizeit, die ihr zuteil wurde, seit sie dieses Zimmer betreten hatte –, sah sie, dass das Zimmer auch mit anderen Dingen nur dürftig ausgestattet war. Nichts als eine Kommode vom Sperrmüll, ein Bett ohne Kopfteil, ein Sessel ohne Armlehnen, am Fenster eine Jalousie mit kaputten Lamellen und ein Vorhang aus orangegelbem Plastik, das wie Netzgewebe aussehen sollte und nicht gesäumt zu werden brauchte, sondern unten einfach abgeschnitten war. Schließlich eine geräuschvolle Klimaanlage – Jeffrey hatte sie in der Nacht abgestellt und die Tür mit vorgelegter Kette einen Spalt weit geöffnet, da das Fenster nicht aufging. Die Tür war jetzt zu. Er musste in der Nacht aufgestanden sein und sie geschlossen haben.

Dies war alles, was sie hatte. Ihre Verbindung zu dem Ferienhaus, in dem Brian lag und schlief oder auch nicht, war abgebrochen, ebenso ihre Verbindung zu dem Haus, das Ausdruck ihres Lebens mit Brian gewesen war, der Art, wie sie leben wollten. Sie besaß keine Möbel mehr. Sie hatte sich abgeschnitten von all den großen, soliden Anschaffungen wie der Waschmaschine und dem Trockner und dem Eichentisch und dem aufgearbeiteten Schrank und dem Kronleuchter, der eine Kopie eines Lüsters auf einem Bild von Vermeer war. Und ebenso von den Dingen, die eigentlich ihr gehörten – die Pressglasbecher, die sie gesammelt hatte, und der Gebetsteppich, der natürlich nicht echt war, aber schön. Besonders von diesen Dingen. Sogar ihre Bücher konnte sie verloren haben. Sogar ihre Kleidung. Der Rock und die Bluse und die Sandalen, die sie für die Fahrt nach Campbell River angezogen hatte, waren womöglich alles, was sie jetzt auf der Welt besaß. Sie würde nie zurückkehren, um irgendetwas zu beanspruchen. Falls Brian sich mit ihr in Verbindung setzte, um sie zu fragen, was mit den Sachen werden sollte, würde sie ihm sagen, er sollte damit machen, was er wollte – alles in Müllsäcke stopfen und auf die Deponie schaffen, wenn ihm danach der Sinn stand. (Dabei wusste sie, dass er wahrscheinlich einen großen Koffer packen würde, was er auch tat, und ihr gewissenhaft nicht nur ihren Wintermantel und die warmen Schuhe nachschickte, sondern auch Sachen wie den Miedergürtel für die Wespentaille, den sie nur an ihrer Hochzeit getragen hatte und seitdem nie wieder, obendrauf hatte er den Gebetsteppich gelegt wie eine letzte Demonstration seiner Großzügigkeit, entweder echt oder berechnet.)

Sie glaubte, dass ihr nie wieder wichtig sein würde, in welchen Räumen sie lebte und was für Sachen sie anzog. Sie würde nicht danach trachten, anderen mit solchen Dingen eine Vorstellung davon zu geben, wer sie war, wie sie war. Oder sich selbst eine Vorstellung davon zu geben. Was sie getan hatte, würde genug sein, würde alles sein.

Was sie gerade tat, war das, wovon sie gehört und gelesen hatte. Das, was Anna Karenina getan hatte und Madame Bovary hatte tun wollen. Was ein Lehrer in Brians Schule getan hatte, mit der Schulsekretärin. Er war mit ihr durchgebrannt. So wurde es genannt. Durchgebrannt. Davongelaufen. Es wurde abfällig, scherzhaft oder auch neidisch davon gesprochen. Es war Ehebruch, einen Schritt weiter vorangetrieben. Die Menschen, die das taten, hatten nahezu immer vorher bereits ein Verhältnis gehabt und schon einige Zeit lang Ehebruch begangen, bis sie verzweifelt oder mutig genug wurden, um diesen Schritt zu tun. Einmal alle Jubeljahre mochte solch ein Paar behaupten, dass seine Liebe nicht vollzogen und körperlich rein war, aber diese Menschen wurden – falls ihnen überhaupt jemand glaubte – nicht nur für sehr ernsthaft und hochgesinnt gehalten, sondern auch für absolut tollkühn, fast auf einer Stufe mit denen, die es wagten, alles aufzugeben, um in irgendeinem armen und gefährlichen Land zu arbeiten.

Die Übrigen, die Ehebrecher, galten als verantwortungslos, unreif, selbstsüchtig oder sogar grausam. Auch als vom Glück begünstigt. Vom Glück begünstigt, weil der Sex, den sie in geparkten Autos oder in hohem Gras oder in ihren besudelten Ehebetten oder höchstwahrscheinlich in Motelzimmern wie diesem genossen hatten, ganz bestimmt überwältigend gewesen sein musste. Denn sonst wären sie nicht von solcher Sehnsucht gepackt, von solchem Verlangen nach einander, koste es, was es wolle, oder sie hätten nicht solch ein Vertrauen, dass ihre gemeinsame Zukunft insgesamt besser und ganz anders sein würde als das, was sie bislang gehabt hatten.

Ganz anders. Das musste Pauline jetzt glauben – dass es diesen wesentlichen Unterschied im Leben oder in der Ehe oder in der Verbindung von Menschen gab. Dass einigen Beziehungen eine Notwendigkeit, eine Schicksalhaftigkeit innewohnte, die anderen fehlte. Natürlich hätte sie das genau so auch vor einem Jahr gesagt. Die Menschen sagten das eben, sie schienen das zu glauben, und sie schienen zu glauben, dass ihr eigener Fall selbstverständlich zu der ersten, der besonderen Kategorie zählte, wo doch alle sehen konnten, dass dem nicht so war und dass diese Menschen gar nicht wussten, wovon sie redeten. Pauline hätte nicht gewusst, wovon sie redete.

Es war zu warm im Zimmer. Jeffreys Körper war zu warm. Er schien sogar im Schlaf Überzeugungskraft und Streitlust auszustrahlen. Sein Brustkorb war breiter als der von Brian; er war fülliger um die Taille. Mehr Fleisch auf den Knochen, dabei fester anzufassen. Im Ganzen nicht so gut aussehend – sie war sicher, die meisten würden das sagen. Und nicht so heikel. Im Bett roch Brian nach nichts. Jeffreys Haut hatte jedes Mal, wenn sie mit ihm geschlafen hatte, einen eingebrannten, leicht öligen oder nussigen Geruch gehabt. Er hatte sich gestern Abend nicht gewaschen – aber sie sich auch nicht. Es war keine Zeit dafür. Hatte er wenigstens eine Zahnbürste dabei? Sie nicht. Aber sie hatte nicht gewusst, dass sie bleiben würde.

Als sie Jeffrey hier traf, hatte sie noch im Hinterkopf, dass sie sich eine gigantische Lüge ausdenken musste, die sie erzählen konnte, wenn sie nach Hause kam. Und sie – beide – mussten sich beeilen. Als Jeffrey ihr sagte, er habe beschlossen, dass sie zusammenbleiben mussten, dass Pauline ihn in den Bundesstaat Washington begleitete, dass das Stück gestorben war, weil die Dinge in Victoria für sie beide zu schwierig werden würden, hatte sie ihn nur in der verdutzten Weise angesehen, in der man jemanden im allerersten Augenblick eines Erdbebens ansieht. Sie war bereit, ihm alle Gründe zu nennen, warum das unmöglich war, sie dachte immer noch, sie würde ihm das sagen, doch in diesem Moment geriet ihr Leben aus den Fugen. Zurückkehren wäre wie sich einen Sack über den Kopf stülpen.

So sagte sie nur: »Bist du sicher?«

Er sagte: »Ganz sicher.« Er sagte aufrichtig: »Ich werde dich nie verlassen.«

Es war nicht seine Art, so etwas zu sagen. Dann wurde ihr klar, dass er – vielleicht ironisch – aus dem Stück zitierte. Orpheus sagt das zu Eurydike, wenige Augenblicke, nachdem sie sich in der Bahnhofswirtschaft zum ersten Mal begegnet sind.

Ihr Leben stürzte also vorwärts; sie wurde zu einer dieser Personen, die durchbrannten. Zu einer Frau, die unbegreiflicher- und erschreckenderweise alles aufgab. Aus Liebe, würden Beobachter süffisant sagen. Und Sex meinen. Das wäre alles nicht passiert, ginge es nicht um Sex.

Aber welche großen Unterschiede gibt es da schon? Der Vorgang bleibt sich ziemlich gleich, trotz allem, was darüber erzählt wird. Haut an Haut, Bewegungen, Berührungen, Ergebnisse. Pauline ist keine Frau, bei der es schwer fällt, Ergebnisse zu erzielen. Brian ist es gelungen. Wahrscheinlich gelänge es jedem, der nicht extrem unbeholfen oder abstoßend wäre.

Doch nichts gleicht sich völlig. Mit Brian – besonders mit Brian, dem sie mit einer Art eigennützigem Wohlwollen begegnet ist, mit dem sie in verheirateter Komplizenschaft gelebt hat – kann es das nie geben, dieses Abwerfen von allem, den unvermeidlichen Höhenflug, die Gefühle, um die sie sich nicht bemühen muss, sondern denen sie nur nachzugeben braucht wie dem Atmen oder dem Sterben. Die ihrer Meinung nach nur kommen, wenn die Haut zu Jeffrey gehört, die Bewegungen von Jeffrey gemacht werden und der Leib, der auf ihr lastet, Jeffreys Herz umschließt, auch seine Gewohnheiten, Gedanken, Eigenheiten, seinen Ehrgeiz und seine Einsamkeit (die, soweit sie weiß, auch mit seiner Jugend zu tun haben können).

Soweit sie weiß. Denn es gibt vieles, was sie nicht weiß. Sie weiß kaum etwas darüber, was er gern isst oder welche Musik er gern hört oder welche Rolle seine Mutter in seinem Leben spielt (zweifellos eine geheimnisvolle, aber wichtige, wie die Rolle von Brians Eltern). In einem ist sie sich ziemlich sicher – was er auch für Vorlieben oder Abneigungen hat, er wird daran festhalten.

Sie gleitet unter Jeffreys Hand und unter dem Überlaken hervor, das einen strengen Geruch nach Bleichmitteln verströmt, sie lässt sich auf den Boden herunter, wo die Tagesdecke liegt, und wickelt sich rasch in diesen Lumpen aus grünlich gelber Chenille. Sie will nicht, dass er die Augen aufschlägt und sie von hinten sieht und ihren Hängepopo bemerkt. Er hat sie schon nackt gesehen, aber meistens in einem günstigeren Augenblick.

Sie spült sich den Mund aus und wäscht sich, sie benutzt das Seifenstück, das ungefähr so groß wie zwei dünne Schokoladenstückchen ist und so hart wie Stein. Sie ist wund zwischen den Beinen, geschwollen und übel riechend. Wasserlassen ist mühsam, und sie ist offenbar verstopft. Gestern Abend sind sie hinausgegangen und haben sich Hamburger geholt, die sie dann aber nicht essen konnte. Vermutlich wird sie all diese Dinge wieder lernen, sie werden wieder ihre natürliche Bedeutung in ihrem Leben einnehmen. Im Augenblick ist es, als könnte sie keine Aufmerksamkeit dafür erübrigen.

Sie hat etwas Geld in der Handtasche. Sie muss hinausgehen und eine Zahnbürste kaufen, Zahnpaste, Deo, Shampoo. Auch Gleitcreme. Gestern Nacht haben sie die ersten beiden Male Kondome benutzt, aber beim dritten Mal nichts mehr.

Sie hat ihre Armbanduhr nicht mitgenommen, und Jeffrey trägt keine. Im Zimmer gibt es natürlich keine Uhr. Sie meint, es ist früh – das Licht hat trotz der Hitze noch eine frühe Färbung. Die Geschäfte sind wahrscheinlich noch nicht auf, aber es wird etwas geben, wo sie Kaffee bekommen kann.

Jeffrey hat sich auf die andere Seite gedreht. Sie muss ihn für einen kurzen Augenblick geweckt haben.

Sie werden ein Schlafzimmer haben. Eine Küche, eine Adresse. Er wird zur Arbeit gehen. Sie wird in den Waschsalon gehen. Vielleicht wird sie auch zur Arbeit gehen. Dinge verkaufen, in Restaurants bedienen, Nachhilfestunden geben. Sie kann Französisch und Latein – gibt es in amerikanischen High Schools Französisch- und Lateinunterricht? Kann man ohne amerikanische Staatsangehörigkeit Arbeit bekommen? Jeffrey ist auch kein Amerikaner.

Sie lässt ihm den Schlüssel da. Sie wird ihn aufwecken müssen, um wieder hineinzugelangen. Es ist nichts da, um eine Nachricht zu hinterlassen, weder Stift noch Papier.

Es ist früh. Das Motel liegt am Highway am Nordende der Stadt, neben der Brücke. Der Verkehr hat noch nicht eingesetzt. Sie geht schlurfend eine ganze Weile lang unter den Pappeln dahin, ehe ein Fahrzeug über die Brücke rumpelt – obwohl der Verkehr auf der Brücke bis spät in die Nacht regelmäßig ihr Bett erschütterte.

Jetzt kommt etwas. Ein Laster. Aber nicht nur ein

Laster – eine riesige, trostlose Tatsache kommt auf sie zu. Und sie kommt nicht aus dem Nichts – sie hat gewartet, sie grausam gestupst, seit sie wach ist oder vielleicht sogar die ganze Nacht hindurch.

Caitlin und Mara.

Gestern Abend am Telefon, nachdem er mit ausdrucksloser und beherrschter und fast angenehmer Stimme geredet hatte – als wäre er stolz darauf, nicht außer sich zu sein, nicht zu widersprechen oder zu flehen –, brach es aus Brian heraus. Er sagte voll Verachtung und Zorn und ohne jede Rücksicht darauf, wer ihn hören konnte: »Und – was ist mit Caitlin und Mara?«

Der Hörer an Paulines Ohr begann zu zittern.

Sie sagte: »Wir müssen reden –«, aber er schien sie nicht zu hören.

»Die Kinder«, sagte er, mit derselben knirschenden und rachsüchtigen Stimme. Der Wechsel von »Caitlin und Mara« zu »Kinder« war, als schlüge er ihr ein Brett auf den Kopf – eine schwere, förmliche, selbstgerechte Drohung.

»Die Kinder bleiben hier«, sagte Brian. »Pauline. Hast du mich verstanden?«

»Nein«, sagte Pauline. »Ja. Ich habe dich verstanden, aber –«

»Gut. Du hast mich verstanden. Denk dran. Die Kinder bleiben hier.«

Mehr konnte er nicht tun. Um ihr zu zeigen, was

sie da tat, was sie beendete, und um sie zu bestrafen, falls sie es wirklich tat. Niemand würde ihm einen Vorwurf machen. Vielleicht gelang es ihr, etwas herauszuschlagen durch Gerichtsprozesse oder flehentliche Bitten, aber erst einmal war es da, wie ein kalter, runder Stein in ihrem Hals, wie eine Kanonenkugel. Und würde nicht weggehen, es sei denn, sie änderte ihren Entschluss. Die Kinder bleiben hier.

Das Auto, das sie sich mit Brian teilte, stand immer noch auf dem Parkplatz des Motels. Brian würde seinen Vater oder seine Mutter bitten müssen, ihn heute herzufahren, um es zu holen. Sie hatte die Schlüssel in ihrer Handtasche. Es gab Ersatzschlüssel – er würde sie bestimmt mitbringen. Sie schloss die Autotür auf und warf die Schlüssel auf den Sitz und verriegelte die Tür von innen und schlug sie zu.

Jetzt konnte sie nicht mehr zurück. Sie konnte nicht ins Auto steigen und zurückfahren und sagen, dass sie von allen guten Geistern verlassen gewesen war. Wenn sie das tat, würde er ihr verzeihen, aber er würde es nie verwinden, und sie auch nicht. Dennoch würden sie weiterleben, wie Menschen es eben tun.

Sie verließ den Parkplatz, sie ging auf dem Bürgersteig in die Stadt.

Das Gewicht von Mara auf ihrer Hüfte, gestern.

Der Anblick von Caitlins Fußstapfen auf dem Boden.

Pao. Pao.

Sie braucht die Schlüssel nicht, um zu ihnen zurückzulangen, sie braucht das Auto nicht. Sie kann sich auf dem Highway von jemand mitnehmen lassen. Nachgeben, nachgeben, irgendwie zu ihnen zurückgelangen, wie kann sie anders?

Ein Sack über dem Kopf.

Eine Flüssigkeit, eine Wunschvorstellung, wird auf den Boden geschüttet und erhärtet sofort; nimmt eine endgültige Form an.

Akuter Schmerz. Er wird chronisch werden. Chronisch bedeutet, dass er ohne Ende, aber vielleicht nicht ohne Unterlass sein wird. Es kann auch bedeuten, dass du daran nicht stirbst. Du wirst nicht frei davon, aber du stirbst nicht daran. Du wirst ihn nicht jede Minute spüren, aber du wirst nicht viele Tage ohne ihn zubringen. Und du wirst einige Tricks lernen, um ihn zu betäuben oder zu vertreiben, ohne dabei am Ende das zu zerstören, wofür du diesen Schmerz auf dich genommen hast. Es ist nicht seine Schuld. Er ist noch im Stand der Unschuld oder der Wildheit, er weiß noch nicht, dass es einen so dauerhaften Schmerz auf der Welt gibt. Sage dir: Du verlierst sie sowieso. Sie werden groß. Auf eine Mutter wartet immer diese ein wenig lächerliche Verlassenheit. Sie werden diese Zeit vergessen, dich auf die eine oder andere Art verstoßen. Oder kleben bleiben, bis du nicht weißt, was du mit ihnen anfangen sollst, so wie Brian es getan hat.

Und dennoch, welcher Schmerz. Den sie herumtragen und an den sie sich gewöhnen muss, bis sie nur noch um die Vergangenheit trauert und nicht um irgendeine mögliche Gegenwart.

Ihre Kinder sind groß geworden. Sie hassen sie nicht. Dafür, dass sie fortgegangen oder fortgeblieben ist. Sie vergeben ihr auch nicht. Vielleicht hätten sie ihr ohnehin nicht vergeben, aber dann wegen etwas anderem.

Caitlin ist noch ein wenig von dem Sommer im Ferienhotel in Erinnerung geblieben, Mara nichts. Eines Tages erwähnt Caitlin es Pauline gegenüber und nennt es »das Hotel, in dem Oma und Opa waren«.

»Das Hotel, in dem wir waren, als du weggegangen bist«, sagt sie. »Aber wir haben erst später erfahren, dass du mit Orpheus weggegangen bist.«

Pauline sagt: »Es war nicht Orpheus.«

»Es war nicht Orpheus? Dad hat das immer gesagt. Er hat immer gesagt: ›Und dann ist eure Mutter mit Orpheus durchgebrannt.‹«

»Das sollte ein Witz sein«, sagt Pauline.

»Ich dachte immer, es wäre Orpheus gewesen. Dann war es also jemand anders.«

»Es war jemand, der mit dem Theaterstück zu tun hatte. Jemand, mit dem ich eine Weile zusammengelebt habe.«

»Nicht Orpheus.«

»Nein. Der bestimmt nicht.«

Stinkreich

Während das Flugzeug an einem Sommerabend des Jahres 1974 auf den Flugsteig zu rollte, griff Karin hinunter und holte einige Dinge aus ihrem Rucksack. Eine schwarze Baskenmütze, die sie sich so aufsetzte, dass sie ihr über ein Auge hing, einen roten Lippenstift, den sie auftrug, indem sie das Fenster als Spiegel benutzte – es war dunkel in Toronto –, und eine lange schwarze Zigarettenspitze, die sie bereithielt, um sie sich im richtigen Augenblick zwischen die Zähne zu klemmen. Die Baskenmütze und die Zigarettenspitze waren aus der Irma-la-Douce-Aufmachung gemaust, die ihre Stiefmutter auf einem Kostümfest getragen hatte, und den Lippenstift hatte sie sich selbst gekauft.

Sie wusste, es konnte ihr nicht gelingen, wie eine erwachsene Nutte auszusehen. Aber sie würde auch nicht wie die Zehnjährige aussehen, die am Ende des letzten Sommers ins Flugzeug gestiegen war.

Niemand in der Menge sah sich nach ihr um, auch

nicht, als sie die Zigarettenspitze in den Mund steckte und eine sinnliche Schmollmiene aufsetzte. Alle waren zu angespannt, abgelenkt, erfreut oder verwirrt. Viele schienen selbst kostümiert zu sein. Schwarze Männer rauschten in leuchtend bunten Gewändern und bestickten Käppchen vorüber, und alte Frauen mit Kopftüchern saßen gebeugt auf Koffern. Hippies waren von Kopf bis Fuß in Perlen und Fetzen gehüllt, und für ein paar Augenblicke fand sie sich eingekeilt von einer Gruppe düster aussehender Männer mit schwarzen Hüten, denen einzelne Ringellöckchen über die Wangen hingen.

Leute, die auf Passagiere warteten, durften eigentlich nicht hier herein, aber sie schlüpften trotzdem durch die automatischen Schiebetüren. In der Menge auf der anderen Seite des Kofferkarussells entdeckte Karin ihre Mutter Rosemary, die ihre Tochter noch nicht erspäht hatte. Rosemary trug ein langes dunkelblaues Kleid mit goldenen und orangegelben Monden, ihre Haare waren frisch gefärbt, sehr schwarz, und zu einem kippeligen Vogelnest aufgetürmt. Sie sah älter aus, als Karin sie in Erinnerung hatte, und ein wenig verloren. Karins Blick glitt an ihr vorbei – hielt nach Derek Ausschau. Derek war in einer Menschenmenge leicht auszumachen, wegen seiner Größe und seiner leuchtenden Stirn und seiner hellen, welligen, schulterlangen Haare. Auch wegen seiner strahlenden, festen Augen, dem spöttischen Mund und seiner Fähigkeit, reglos zu bleiben. Nicht wie Rosemary, die jetzt ruckte und zuckte und sich reckte und streckte und benommen, entmutigt den Blick schweifen ließ.

Derek stand nicht hinter Rosemary und auch nicht in der Nähe. Falls er nicht auf die Toilette gegangen war, war er nicht da.

Karin nahm die Zigarettenspitze aus dem Mund und schob die Baskenmütze aus der Stirn. Wenn Derek nicht da war, verlor der Scherz seinen Sinn. Rosemary solch einen Streich zu spielen führte nur zu Verwirrung – und Rosemary sah bereits verwirrt und allein gelassen genug aus.

»Du trägst ja *Lippenstift*«, sagte Rosemary verblüfft, mit schwimmenden Augen. Sie umfing Karin mit ihren flügelartigen Ärmeln und ihrem Geruch nach Kakaobutter. »Sag mir bloß nicht, dein Vater erlaubt dir, Lippenstift zu tragen.«

»Ich wollte dir was vormachen«, sagte Karin. »Wo ist Derek?«

»Nicht hier«, sagte Rosemary.

Karin entdeckte ihren Koffer auf dem Karussell; sie duckte sich und wand sich zwischen Leibern hindurch und zerrte ihn herunter. Rosemary wollte ihr beim Tragen helfen, aber Karin sagte: »Lass nur. Lass.« Sie zwängten sich durch den Ausgang und an den Wartenden vorbei, die nicht die Frechheit oder

Hartnäckigkeit besessen hatten, hineinzudrängeln. Sie sprachen nicht mehr miteinander, bis sie draußen in der warmen Nachtluft waren und zum Parkplatz gingen. Dann sagte Karin: »Was ist los – habt ihr wieder eins eurer Sommergewitter gehabt?«

»Sommergewitter« war das Wort, das Rosemary und Derek benutzten, um ihre Kräche zu beschreiben, die sie auf die Schwierigkeiten bei der Zusammenarbeit an Dereks Buch zurückführten.

Rosemary sagte mit unheilverkündender Abgeklärtheit: »Wir sehen uns nicht mehr. Wir arbeiten nicht mehr zusammen.«

»Ist das wahr?«, fragte Karin. »Du meinst, ihr habt euch getrennt?«

»Soweit Menschen wie wir sich trennen können«, sagte Rosemary.

Autoscheinwerfer strömten immer noch auf jeder Straße in die Stadt hinein und gleichzeitig aus ihr heraus, auf den großen, geschwungenen Überführungen und darunter. Rosemarys Auto hatte keine Klimaanlage – nicht, weil sie sich das nicht leisten konnte, sondern weil sie nicht daran glaubte, und so mussten die Fenster auf bleiben, und der Verkehrslärm stürzte, getragen von der abgasgeschwängerten Luft, wie ein Wildbach herein. Rosemary hasste es, in Toronto zu fahren. Wenn sie einmal in der Woche in die Stadt kam, um sich mit dem Verleger zu treffen, für den sie arbeitete, nahm sie den Bus, bei anderen Gelegenheiten ließ sie sich meistens von Derek fahren. Karin schwieg, während sie den Flughafen-Highway verließen und auf der 401 nach Osten fuhren und, nach etwa hundertdreißig Kilometern sprunghafter Konzentration ihrer Mutter, in eine Straße bogen, die sie fast dahin bringen würde, wo Rosemary wohnte.

»Ist Derek weggefahren?«, fragte Karin, dann: »Ist er verreist?«

»Nicht, dass ich wüsste«, sagte Rosemary. »Allerdings würde ich es auch nicht erfahren.«

»Was ist mit Ann? Ist sie noch da?«

»Wahrscheinlich«, sagte Rosemary. »Sie fährt nie irgendwohin.«

»Hat er seine Sachen abgeholt?«

Derek hatte mehr Dinge in Rosemarys Wohnwagen gebracht, als für die Arbeit an seinem Manuskriptbündel unbedingt notwendig waren. Bücher, natürlich – nicht nur Nachschlagewerke, sondern auch Bücher und Zeitschriften als Lektüre in Arbeitspausen, wenn er sich vielleicht auf Rosemarys Bett legte. Schallplatten, Kleidung, Stiefel, falls er beschloss, eine Wanderung zu machen, Tabletten gegen Magenbeschwerden oder Kopfschmerzen, sogar das Werkzeug und das Holz, mit dem er eine Laube baute. Sein Rasierzeug lag im Badezimmer, auch eine Zahnbürste und seine besondere Zahnpasta für empfindliches Zahnfleisch. Seine Kaffeemühle stand auf dem Küchenschrank. (Eine neue, schönere, die Ann gekauft hatte, stand auf dem Küchenschrank in dem Haus, in dem er immer noch wohnte.)

»Alles rausgeräumt«, sagte Rosemary. Sie fuhr auf den Parkplatz einer Doughnut-Bude, die noch auf hatte, am Rande der ersten Stadt an diesem Highway.

»Kaffee, damit ich am Leben bleibe«, sagte sie.

Wenn sie hier hielten, blieb Karin meistens mit Derek im Auto. Er mochte solchen Kaffee nicht trinken. »Deine Mutter ist wegen ihrer grässlichen Kindheit süchtig nach solchen Lokalen«, sagte er. Er meinte damit nicht, dass Rosemary in solche Lokale geführt worden war, sondern dass sie ihr verboten gewesen waren, ebenso verboten wie alle gebratenen oder mit Zucker gesüßten Nahrungsmittel, denn ihre Ernährung hatte ausschließlich aus Gemüsen und schleimigem Haferbrei bestanden. Nicht etwa, weil ihre Eltern arm waren – sie waren reich –, sondern weil sie Ernährungsfanatiker waren, bevor das in Mode kam. Derek kannte Rosemary erst seit kurzer Zeit – verglichen mit den Jahren, seit denen Karins Vater Ted sie kannte –, aber er sprach viel bereitwilliger als Ted von ihrer Kindheit und gab Einzelheiten daraus preis wie zum Beispiel das Ritual der wöchentlichen Klistiere, das Rosemary selbst in ihren Erzählungen ausließ.

Während des Schuljahres, in ihrem Leben mit Ted und Grace, würde Karin niemals in ein Lokal mit diesem scheußlichen Geruch nach angebranntem Zucker und Fett und Zigarettenrauch und abgestandenem Kaffee geraten. Aber Rosemarys Blick schweifte mit Genuss über Doughnuts mit Rahm und Marmeladenfüllung, mit Caramel- und Schokoladenglasur, über Krapfen und Eclairs und Amerikaner und gefüllte Croissants und Makronen. Sie sah keinen Grund, etwas davon zu verschmähen, außer vielleicht die Angst, dick zu werden, und sie konnte einfach nicht glauben, dass solche Leckereien nicht genau das waren, wonach alle lechzten.

Am Tresen – an dem man, so stand auf einem Schild, nicht länger als zwanzig Minuten verweilen durfte – saßen zwei ungeheuer dicke Frauen mit mächtigen Löckchenfrisuren, und zwischen ihnen ein dünner, jungenhaft wirkender, aber verhutzelter Mann, der schnell redete und ihnen Witze zu erzählen schien. Während die Frauen lachend den Kopf schüttelten und Rosemary sich ein Mandelcroissant aussuchte, zwinkerte er Karin anzüglich und verschwörerisch zu. Ihr fiel ein, dass sie immer noch Lippenstift trug. »Können nicht widerstehen, hä?«, sagte er zu Rosemary, die lachte und das für ländliche Freundlichkeit nahm.

»Nie«, sagte sie. »Und du willst nichts?«, fragte sie Karin. »Überhaupt nichts?«

»Das Mädelchen will schlank bleiben«, sagte der verhutzelte Mann.

Nördlich der Stadt herrschte kaum noch Verkehr. Die Luft war kühler geworden und roch sumpfig. Die Frösche machten stellenweise solchen Lärm, dass sie über die Geräusche des Autos hinweg zu hören waren. Die zweispurige Straße schlängelte sich an schwarzen Nadelbaumgehölzen vorbei und an der weicheren Dunkelheit kleiner Felder voller Wacholderbüsche, an Farmen, die wieder zu Wildnis wurden. Dann beleuchteten die Scheinwerfer in einer Kurve die ersten aufgetürmten Gesteinsbrocken, einige glitzerten in Rosa und Grau, andere waren rot wie getrocknetes Blut. Bald geschah das immer öfter, und an manchen Stellen war das Gestein nicht einfach aufgehäuft, sondern in dicken oder dünnen Schichten wie von Hand ausgelegt, und diese Schichten waren grau oder grünlich weiß. Kalkstein, erinnerte sich Karin. Kalkmuttergestein, das sich hier mit den Felsen vom präkambrischen Schild abwechselte. Derek hatte ihr das beigebracht. Derek sagte, er wünschte, er wäre Geologe geworden, denn er liebte Gestein. Aber es hätte ihm nicht gelegen, für Bergbaugesellschaften Geld zu scheffeln. Und Geschichte faszinierte ihn auch – eine ausgefallene Kombination. Geschichte für den Stubenhocker, Geologie für den Wandersmann, sagte er, mit einer Feierlichkeit, die ihr verriet, dass er sich über sich selbst lustig machte.

Was Karin jetzt gern losgeworden wäre – konnte es nicht einfach mit der brausenden Mitternachtsluft zu den Autofenstern hinausfliegen? –, war ihr Gefühl, überheblich zu sein und sich für ihre Mutter zu schämen. Für das Mandelcroissant, für den schlechten Kaffee, den Rosemary fast heimlich getrunken hatte, für den Mann am Tresen und sogar für Rosemarys jugendliches Hippiekleid und die zerzauste Turmfrisur. Sie hätte sich auch gern davon befreit, Derek zu vermissen, von dem Gefühl, dass da ein Leerraum war, eine Verarmung an Möglichkeiten. Laut sagte sie: »Ich bin froh. Ich bin froh, dass er weg ist.«

Rosemary fragte: »Wirklich?«

»Du wirst glücklicher sein«, sagte Karin.

»Ja«, sagte Rosemary. »Ich gewinne meine Selbstachtung zurück. Weißt du, man merkt gar nicht, wie viel von seiner Selbstachtung man verloren hat und wie viel einem fehlt, bis man sie zurückgewinnt. Ich möchte, dass wir beide einen richtig schönen Sommer haben. Wir könnten sogar kleine Reisen machen. Ich habe nichts dagegen, Auto zu fahren, wo der Verkehr nicht kriminell ist. Wir könnten in die Wildnis wandern, da, wo du mit Derek warst. Das würde ich gerne machen.«

Karin sagte: »Ja«, obwohl sie keineswegs sicher war, dass sie sich ohne Derek nicht verirren würden.

Ihre Gedanken waren nicht ganz beim Wandern, sondern bei einer Szene im letzten Sommer. Auf dem Bett, in eine Steppdecke eingerollt, Rosemary, die weinte, sich Zipfel von der Decke und dem Kissen in den Mund stopfte und rasend vor Kummer darauf herumbiss, und Derek, der am Tisch saß, wo sie sonst arbeiteten, und eine Manuskriptseite las. »Kannst du irgendwas tun, um deine Mutter zu beruhigen?«, sagte er.

Karin sagte: »Sie will dich.«

»Ich werde nicht mit ihr fertig, wenn sie so ist«, sagte er. Er legte die Seite weg, mit der er fertig war, und nahm die nächste. Zwischen den Seiten sah er zu Karin auf, mit langgeprüfter Leidensmiene. Er sah erschöpft aus, alt und abgezehrt. Er sagte: »Ich kann das nicht ausstehen. Tut mir leid.«

Also ging Karin ins Schlafzimmer und streichelte Rosemarys Rücken, und auch Rosemary sagte, dass es ihr leid tat.

»Was macht Derek?«, fragte sie.

»Sitzt in der Küche«, sagte Karin. Sie mochte nicht sagen »und liest«.

»Was hat er gesagt?«

»Er hat gesagt, ich soll reingehen und mit dir reden.«

»Ach, Karin. Ich schäme mich so.«

Was war passiert, um solch einen Krach auszulösen? Wenn sie sich beruhigt und hergerichtet hatte, sagte Rosemary immer, dass es die Arbeit war, Meinungsverschiedenheiten über die Arbeit. »Warum hörst du dann nicht auf, an seinem Buch zu arbeiten?«, sagte Karin. »Du hast doch genug zu tun.« Rosemary war Lektorin – so hatte sie Derek kennen gelernt. Nicht, weil er sein Buch dem Verlag eingereicht hatte, für den sie arbeitete – er hatte es immer noch nicht getan –, sondern weil sie einen Freund von ihm kannte, und der Freund hatte zu ihm gesagt: »Ich kenne da eine Frau, die dir helfen könnte.« Und nach kurzer Zeit war Rosemary aufs Land und in den Wohnwagen nicht weit von seinem Haus gezogen, damit sie ihm für diese Arbeit näher sein konnte. Anfangs behielt sie ihre Wohnung in Toronto, aber dann gab sie sie auf, weil sie mehr und mehr Zeit im Wohnwagen verbrachte. Sie betreute auch immer noch andere Manuskripte, aber nicht mehr so viele, und sie bewältigte ihren einen Arbeitstag pro Woche in Toronto, indem sie um sechs Uhr früh aufbrach und nach elf Uhr abends zurückkam.

»Worüber ist das Buch?«, hatte Ted Karin gefragt.

Karin sagte: »Es ist über den Forschungsreisenden La Salle und die Indianer.«

»Ist der Bursche Historiker? Lehrt er an einer Universität?«

Karin wusste es nicht. Derek hatte schon vieles gemacht – er hatte als Fotograf gearbeitet; er hatte in einem Bergwerk gearbeitet und als Landvermesser;

aber was seine Lehrtätigkeit anging, so hatte sie ihrer Vermutung nach in einer High School stattgefunden. Ann sprach von seiner Arbeit als »außerhalb des Systems«.

Ted selbst lehrte an einer Universität. Er war Wirtschaftswissenschaftler.

Sie sagte Ted und Grace natürlich nichts von dem Kummer, dessen Ursachen angeblich Meinungsverschiedenheiten über das Buch waren. Rosemary gab sich selbst die Schuld. Es sind die Spannungen, sagte sie. Manchmal sagte sie, es seien die Wechseljahre. Karin hatte sie zu Derek sagen hören: »Verzeih mir«, und Derek hatte geantwortet: »Es gibt nichts zu verzeihen«, im Tone kühler Genugtuung.

Darauf hatte Rosemary das Zimmer verlassen. Sie hörten sie nicht wieder weinen, aber sie warteten darauf. Derek sah Karin durchdringend in die Augen – er zog ein komisches Gesicht schmerzlicher Ratlosigkeit.

Was habe ich denn nun schon wieder gemacht?

»Sie ist sehr empfindlich«, sagte Karin. Ihre Stimme war voller Scham. War das wegen Rosemarys Benehmen? Oder weil Derek sie – Karin – in ein Gefühl der Genugtuung, der Verachtung mit einzuschließen schien, das über diesen Augenblick weit hinausging. Und weil sie nicht anders konnte, als sich geehrt zu fühlen.

Manchmal lief sie einfach hinaus. Sie ging die

Straße hoch, Ann besuchen, und Ann schien immer froh zu sein, dass sie gekommen war. Sie fragte Karin nie, warum, aber wenn Karin sagte: »Sie haben mal wieder Krach«, oder später, als das Spezialwort aufgekommen war: »Sie haben mal wieder eins ihrer Sommergewitter«, schien sie nie überrascht zu sein oder es zu missbilligen. »Derek stellt sehr hohe Anforderungen«, sagte sie dann, oder: »Ach, sie werden sich schon einigen.« Aber wenn Karin weiter gehen wollte und sagte: »Rosemary weint«, erwiderte Ann: »Ich finde, es gibt einige Dinge, über die man besser nicht redet, meinst du nicht auch?«

Andere Dinge aber hörte sie sich an, wenn auch manchmal mit einem reservierten Lächeln. Ann war eine sanftmütig wirkende, rundliche Frau mit hellgrauen Haaren, die ihr über die Schultern fielen und vorne zu einem Pony geschnitten waren. Wenn sie redete, blinzelte sie oft und sah einem nicht richtig in die Augen. (Rosemary sagte, das sei Nervosität.) Außerdem waren ihre – Anns – Lippen so dünn, dass sie fast verschwanden, wenn sie lächelte, immer mit geschlossenem Mund, als hielte sie etwas zurück.

»Weißt du, wie Rosemary Ted kennengelernt hat?«, sagte Karin. »Es war an einer Bushaltestelle im Regen, und sie malte sich gerade die Lippen an.« Dann musste sie weiter zurückgehen und erklären, dass Rosemary sich die Lippen an der Bushaltestelle anmalen musste, da ihre Eltern nicht wussten, dass sie Lippenstift benutzte – Lippenstift war in ihrer Religion verboten, ebenso wie Kino, hohe Absätze, Tanzen, Zucker, Kaffee und selbstverständlich Alkohol und Zigaretten. Rosemary war in ihrem ersten College-Jahr und wollte nicht wie die Unschuld vom Lande aussehen. Ted war Assistent.

»Aber sie kannten sich schon vom Sehen«, sagte Karin und erklärte, dass sie in derselben Straße wohnten. Ted im Pförtnerhaus des größten der reichen Häuser, denn sein Vater war Chauffeur-Gärtner und seine Mutter Haushälterin, und Rosemary in einem der mehr normalreichen Häuser auf der anderen Straßenseite (obwohl ihre Eltern überhaupt kein normalreiches Leben führten, da sie weder Karten noch sonst etwas spielten, nie auf Partys gingen oder verreisten und aus irgendeinem Grund statt eines elektrischen Kühlschranks einen Eisschrank benutzten, bis die Firma, die die Eisblöcke dafür lieferte, ihre Tore schloss).

Ted hatte ein Auto, das er für hundert Dollar gekauft hatte, und Rosemary im Regen tat ihm leid, und er nahm sie mit.

Als Karin diese Geschichte erzählte, fiel ihr ein, wie ihre Eltern sie immer erzählt hatten, lachend und sich gegenseitig in ihrer eingeübten Art unterbrechend. Ted erwähnte immer den Kaufpreis des Autos und das Fabrikat und das Baujahr (Studebaker, 1947), und Rosemary erwähnte, dass die Beifahrertür sich nicht öffnen ließ und Ted aussteigen und sie über den Fahrersitz hineinklettern lassen musste. Und er erzählte dann, wie bald er sie zu ihrem ersten Kinobesuch ausführte – zur Nachmittagsvorstellung, und der Film hieß *Manche mögen's heiß*, und er kam am helllichten Tag mit Lippenstift auf dem ganzen Gesicht heraus, denn was die anderen Mädchen mit Lippenstift taten, abtupfen oder pudern oder so was, hatte Rosemary nicht gelernt. »Sie war außer Rand und Band«, sagte er immer.

Dann heirateten sie. Sie begaben sich in das Haus eines Geistlichen; der Sohn des Geistlichen war mit Ted befreundet. Ihre Eltern wussten nichts davon. Und unmittelbar nach der Trauung bekam Rosemary ihre Regel, und das Erste, was Ted als verheirateter Mann tun musste, war, eine Schachtel Tampax kaufen gehen.

»Weiß deine Mutter, dass du mir das erzählst, Karin?«

»Sie hätte nichts dagegen. Und dann musste ihre Mutter sich ins Bett legen, als es herauskam, sie fand es so schrecklich, dass sie geheiratet hatten. Wenn ihre Eltern gewusst hätten, dass sie einen Ungläubigen heiraten würde, sie hätten sie in diese fromme Schule in Toronto eingesperrt.«

»Einen Ungläubigen?«, sagte Ann. »Ist das wahr? Wie schade.«

Vielleicht fand sie es schade, dass nach all den Schwierigkeiten die Ehe nicht gehalten hatte.

Karin ringelte sich auf ihrem Sitz zusammen. Ihr Kopf stieß an Rosemarys Schulter.

»Stört dich das?«, fragte sie.

»Nein«, sagte Rosemary.

Karin sagte: »Ich werde nicht fest einschlafen. Ich will wach sein, wenn wir ins Tal hinauffahren.«

Rosemary begann zu singen.

»Wake up, wake up, Darlin' Cory –«

Sie sang mit langsamer, tiefer Stimme, ahmte Pete Seeger auf der Platte nach, und das Nächste, was Karin zu Bewusstsein kam, war, dass das Auto angehalten hatte; sie waren das kurze, holperige Wegstück zum Wohnwagen hochgegangen und saßen unter den Bäumen davor. Die Lampe über der Tür brannte. Aber drinnen kein Derek mehr. Nichts von seinen Sachen. Karin mochte sich nicht mehr rühren. Sie wand sich und protestierte mit köstlicher Launenhaftigkeit, wie sie es nie hätte tun können, wenn irgendjemand anders als Rosemary da gewesen wäre.

»Auf, auf«, sagte Rosemary. »Gleich bist du im Bett, komm schon«, sagte sie zerrend und lachend. »Meinst du etwa, ich kann dich tragen?« Als sie Karin hochgezogen und dazu bewegt hatte, auf die Tür zuzustolpern, sagte sie: »Schau die Sterne an.

Schau die Sterne an. Sie sind wunderbar.« Karin hielt murrend den Kopf gesenkt.

»Zu Bett, zu Bett«, sagte Rosemary. Sie waren drinnen. Ein schwacher Geruch nach Derek – Marihuana, Kaffeebohnen, Bauholz. Und der Geruch des abgeschlossenen Wohnwagens, seiner Bodenbeläge, seiner Kochnische. Karin plumpste angezogen auf ihr schmales Bett, und Rosemary warf ihr ihren Schlafanzug vom letzten Jahr zu. »Zieh dich aus, sonst wirst du dich schrecklich fühlen, wenn du aufwachst«, sagte sie. »Deinen Koffer holen wir morgen früh.«

Karin unternahm, was ihr wie die größte Anstrengung vorkam, die das Leben ihr abverlangen konnte, richtete sich mühsam auf, zerrte sich die Sachen vom Leib und zog ihren Schlafanzug an. Rosemary ging umher und öffnete die Fenster. Das Letzte, was Karin sie sagen hörte, war: »Dieser Lippenstift – was hast du dir eigentlich dabei gedacht?«, und das Letzte, was sie spürte, war der mütterliche, unsanfte Angriff eines Waschlappens auf ihr Gesicht. Sie spuckte seinen Geschmack aus und schwelgte wohlig in dieser Kindlichkeit, in dem kühlen Feld des Bettes unter ihr und in der Gier nach Schlaf.

Das war am Samstagabend. Am Samstagabend und am frühen Sonntagmorgen. Am Montagmorgen fragte Karin: »In Ordnung, wenn ich die Straße raufgehe und Ann besuche?«, und Rosemary antwortete: »Klar, geh nur.«

Sie hatten am Sonntag lange geschlafen und den Wohnwagen den ganzen Tag lang nicht verlassen. Rosemary war bestürzt, dass es regnete. »Als wir gestern Abend nach Hause gekommen sind, standen die Sterne am Himmel«, sagte sie. »Regen am ersten Tag deiner Sommerferien.« Karin musste ihr sagen, dass es nicht schlimm war, sie fühlte sich so faul, dass sie ohnehin nicht hinaus mochte. Rosemary bereitete ihr Café au lait und schnitt eine Melone auf, die nicht ganz reif war (Ann wäre das aufgefallen, aber Rosemary nicht). Dann machten sie sich um vier Uhr nachmittags ein großes Essen aus Schinkenspeck, Waffeln, Erdbeeren und falscher Schlagsahne. Die Sonne kam gegen sechs heraus, aber sie waren immer noch in ihren Schlafanzügen; der Tag war zerstört. »Wenigstens haben wir nicht in den Fernseher geglotzt«, sagte Rosemary. »Dazu können wir uns immerhin gratulieren.«

»Bis jetzt«, sagte Karin und schaltete ihn ein.

Sie saßen inmitten von Haufen alter Illustrierter, die Rosemary aus dem Schrank hervorgeholt hatte. Die Zeitschriften befanden sich schon im Wohnwagen, als sie einzog, und sie sagte, sie würde sie irgendwann rauswerfen – nachdem sie sie sortiert hatte, um zu sehen, ob irgendetwas Aufhebenswertes dabei war. Mit dem Sortieren kam sie nicht weit, weil sie immer wieder etwas zum Vorlesen fand. Karin langweilte sich anfangs, ließ sich dann aber in diese alte Zeit mit ihrer altmodischen Reklame und ihren unkleidsamen Frisuren hineinziehen.

Ihr Blick fiel auf die zusammengefaltete Decke, die auf dem Telefon lag. Sie fragte: »Weißt du nicht, wie man das Telefon abstellt?«

Rosemary sagte: »Ich will es gar nicht abgestellt haben. Ich will es klingeln hören und nicht ran gehen. Es ignorieren können. Ich will es nicht so laut haben, weiter nichts.«

Aber es klingelte den ganzen Tag nicht.

Am Montagmorgen lag die Decke immer noch über dem Telefon, und die Illustrierten lagen wieder im Schrank, weil Rosemary sich doch nicht entscheiden konnte, sie wegzuwerfen. Der Himmel war bewölkt, aber es regnete nicht. Sie standen wieder sehr spät auf, weil sie sich bis zwei Uhr morgens einen Film angesehen hatten.

Rosemary breitete einige mit Schreibmaschine beschriebene Seiten auf dem Küchentisch aus. Nicht Dereks Manuskript – dieser große Stapel war verschwunden. »War Dereks Manuskript eigentlich interessant?«, fragte Karin.

Ihr war vorher nie der Gedanke gekommen, mit Rosemary darüber zu reden. Das Manuskript war wie eine große, verwickelte Rolle Stacheldraht gewesen, die die ganze Zeit auf dem Tisch gelegen hatte, während Derek und Rosemary sich mühten, sie zu entwirren.

»Na ja, er hat es immer wieder geändert«, sagte Rosemary. »Es war interessant, aber es war verworren. Anfangs galt sein ganzes Interesse La Salle, und dann kam er auf die Spur von Pontiac, er wollte zu viel hineinpacken, und er war nie zufrieden.«

»Also bist du froh, dass du's los bist«, sagte Karin.

»Ungeheuer froh. Es brachte nur Komplikationen ohne Ende.«

»Aber fehlt dir Derek nicht?«

»Die Freundschaft ist beendet«, sagte Rosemary geistesabwesend, beugte sich über eine Seite und notierte etwas.

»Was ist mit Ann?«

»Diese Freundschaft ist wahrscheinlich auch beendet. Ich habe sogar schon nachgedacht.« Sie legte den Stift hin. »Ich habe darüber nachgedacht, von hier wegzugehen. Aber ich dachte mir, ich warte auf dich. Ich wollte nicht, dass du zurückkommst, und alles ist ganz woanders. Aber der Grund, hier zu sein, war Dereks Buch. Na ja, es war Derek. Das weißt du.«

Karin sagte: »Derek und Ann.«

»Derek und Ann. Ja. Und jetzt gibt es diesen Grund nicht mehr.«

Und an dieser Stelle fragte Karin: »In Ordnung, wenn ich die Straße raufgehe und Ann besuche?«

Und Rosemary antwortete: »Klar, geh nur. Wir müssen uns ja nicht rasch entscheiden. War nur eine Idee von mir.«

Karin ging den Kiesweg hinauf und fragte sich, was anders war. Außer den Wolken, die in ihren Erinnerungen an das Tal nie da waren. Dann wusste sie es. Kein Vieh weidete auf den Wiesen, und deswegen war das Gras hoch gewachsen, die Wacholderbüsche hatten sich ausgebreitet, man konnte das Wasser im Bach nicht mehr sehen. Das Tal war lang und schmal, das weiße Haus von Ann und Derek stand am anderen Ende. Die Talsohle war Weideland, das im letzten Jahr flach und gepflegt gewesen war, und der Bach hatte sich säuberlich hindurchgeschlängelt. (Ann hatte das Land einem Mann verpachtet, der Black-Angus-Rinder besaß.) Die bewaldeten Hänge stiegen auf beiden Seiten steil an und schlossen sich am anderen Ende, hinter dem Haus. Der Wohnwagen, den Rosemary gemietet hatte, war ursprünglich für Anns Eltern aufgestellt worden, die hinuntergezogen waren, wenn sich im Winter das Tal mit Schnee füllte. Sie wollten es nicht so weit zu dem Laden haben, den es damals noch an der Einmündung des Talwegs in die Landstraße gab. Jetzt war da nichts mehr außer der Betonplattform mit zwei Löchern darin, wo die Benzinpumpen gestanden hatten, und einem alten Bus mit Fahnen vor den Fenstern, in dem ein paar Hippies hausten. Sie saßen manchmal auf der Plattform und winkten Rosemary feierlich und verschnörkelt zu, wenn sie vorbeifuhr.

Derek sagte, dass sie draußen im Wald Gras anpflanzten. Aber er mochte ihnen nichts abkaufen, denn er traute ihren Sicherheitsmaßnahmen nicht.

Rosemary weigerte sich, mit Derek Gras zu rauchen.

»Ich bin in deiner Nähe sowieso zu quirlig«, sagte sie. »Ich glaube, es wäre nicht gut.«

»Wie du willst«, sagte Derek. »Es könnte aber helfen.«

Auch Ann mochte keinen Joint rauchen. Sie sagte, sie käme sich damit albern vor. Sie hatte noch nie geraucht, auch keinen Tabak; sie wusste nicht einmal, wie man inhalierte.

Beide hatten keine Ahnung, dass Derek Karin einmal an seinem Joint ziehen ließ. Karin wusste auch nicht, wie man inhalierte, und er musste es ihr zeigen. Sie atmete zu heftig; sie sog den Rauch zu tief ein und musste gegen den Brechreiz ankämpfen. Sie waren draußen in der Scheune, wo Derek alle Gesteinsproben aufbewahrte, die er auf den Bergkämmen gesammelt hatte. Derek versuchte ihr zu helfen, indem er ihr riet, die Steine anzuschauen.

»Schau sie einfach an«, sagte er. »Schau in sie hinein. Sieh die Farben. Streng dich nicht zu sehr an. Sieh einfach hin und warte.«

Aber was sie schließlich beruhigte, war die Beschriftung auf einem Karton. Ein Stapel Kartons stand da, in die Ann allerlei Krimskrams gepackt hatte, als sie mit Derek vor ein paar Jahren aus Toronto hierher zurück gezogen war. Auf einem dieser Kartons stand mit roter Schrift GETRO. FRÜCHTESCHALEN. Die Buchstaben leuchteten, als wären sie mit Neonröhren geschrieben, und erteilten Karin einen Befehl, der mit mehr als der Bedeutung der Worte zu tun hatte. Sie musste sie zergliedern und die darin verborgenen Wörter finden.

»Worüber lachst du?«, fragte Derek, und sie erzählte ihm, was sie tat. Die Wörter kamen wie durch ein Wunder herausgepurzelt.

Rote. Tote. Trog. Schote. Schatten. Schachtel. Schlange. Schürfte. Fürchte. »Fürchte rote Schlange« war am besten, denn darin kamen alle Buchstaben vor.

»Phänomenal«, sagte Derek. »Phänomenale Karin. Fürchte die rote Schlange.«

Er brauchte ihr nie zu sagen, ihrer Mutter oder Ann nichts davon zu erzählen. Als Rosemary ihr an dem Abend einen Gutenachtkuss gab, schnupperte sie an ihren Haaren, lachte und sagte: »Mein Gott, dieser Geruch ist überall, Derek ist doch ein unverbesserlicher alter Kiffer.«

Das war einer der Abende, an denen Rosemary glücklich war. Sie waren bei Derek und Ann gewesen, um in der zugewachsenen Sonnenveranda Abendbrot zu essen. Ann hatte gesagt: »Komm mit, Karin, du kannst mir helfen, die Mousse aus der Form zu lösen.« Karin war ihr gefolgt, aber zurückgekommen – unter dem Vorwand, die Minzsoße zu holen.

Rosemary und Derek beugten sich über den Tisch, neckten sich und formten Kussmünder. Sie bemerkten Karin überhaupt nicht.

Vielleicht war es derselbe Abend, an dem Rosemary beim Gehen über die beiden Sessel lachte, die vor der Hintertür aufgestellt waren. Zwei alte dunkelrote Stahlrohrsessel mit Kissen. Sie standen gen Westen ausgerichtet, zu den letzten Resten des Sonnenuntergangs.

»Die alten Sessel«, sagte Ann. »Ich weiß, sie sehen schlimm aus. Sie haben meinen Eltern gehört.«

»Sie sind nicht mal sonderlich bequem«, sagte Derek.

»Nein, nein«, sagte Rosemary. »Sie sind schön, sie sind einfach ihr. Ich liebe sie. Sie sagen Derek und Ann. Derek und Ann sehen sich nach des Tages Mühen den Sonnenuntergang an.«

»Wenn sie ihn durch die Erbsenranken sehen können«, sagte Derek.

Als Karin das nächste Mal hinging, um für Ann Gemüse zu ernten, fiel ihr auf, dass die Sessel verschwunden waren. Sie fragte Ann nicht, was aus ihnen geworden war.

Anns Küche lag im Keller des Hauses, ein wenig unter der Erde. Man musste vier Stufen hinuntergehen. Karin tat das und drückte das Gesicht an die Gittertür. Die Küche war ein dunkler Raum, vor dessen hohen Fenstern Sträucher wuchsen – Karin war noch nie da gewesen, ohne dass das Licht brannte. Aber jetzt war es nicht an, und anfangs dachte sie, der Raum wäre leer. Dann sah sie jemanden am Tisch sitzen, es war Ann, aber ihr Kopf hatte eine andere Form. Sie saß mit dem Rücken zur Tür.

Sie hatte sich die Haare geschnitten. Sie waren kurz und toupiert wie die irgendeiner grauhaarigen Rentnerin. Und sie tat etwas – ihre Ellbogen bewegten sich. Sie arbeitete in dem trüben Licht, aber Karin konnte nicht erkennen, was sie machte.

Sie probierte es mit dem Trick, Ann dazu zu zwingen, sich umzudrehen, indem sie auf ihren Hinterkopf starrte. Aber das funktionierte nicht. Sie glitt mit den Fingern leicht über die Gittertür. Schließlich machte sie ein Geräusch.

»Huu-uu-uuu-huu.«

Ann stand auf und drehte sich so widerwillig um, dass Karin für einen kurzen Augenblick der Verdacht kam, sie hätte die ganze Zeit gewusst, wer da war – hätte Karin vielleicht sogar kommen sehen und sich derart abwehrend hingesetzt.

»Ich bin's. Ich bin's. Dein verlorenes Kind«, sagte Karin.

»Tatsächlich«, sagte Ann und hakte die Tür auf. Sie begrüßte Karin nicht mit einer Umarmung – aber das taten sie und Derek nie.

Sie war dicker geworden – oder das kurze Haar ließ sie so aussehen –, und ihr Gesicht hatte rote Flecken, als hätten Insekten sie gestochen. Ihre Augen waren gerötet.

»Tun dir die Augen weh?«, fragte Karin. »Arbeitest du deshalb im Dunkeln?«

Ann sagte: »Ach, ist mir gar nicht aufgefallen. Ich habe gar nicht gemerkt, dass das Licht nicht an ist, ich habe nur Silber geputzt, und ich dachte, ich sehe genug.« Dann gab sie sich offenbar einen Ruck, um heiter zu wirken, sie sprach, als wäre Karin ein wesentlich kleineres Kind. »Silberputzen ist so langweilig, es muss mich in Trance versetzt haben. Wie gut, dass du vorbeigekommen bist, um mir zu helfen.«

Karin ließ sich erst einmal darauf ein und wurde zu diesem wesentlich kleineren Kind. Sie räkelte sich auf einem Stuhl neben dem Tisch und sagte ausgelassen: »Na – und wo steckt der olle Derek?«

Sie dachte, Anns seltsames Benehmen könnte bedeuten, dass Derek zu einer seiner Expeditionen in die Berge aufgebrochen und nicht zurückgekommen war, beide verlassen hatte, Ann und Rosemary. Oder dass er krank war. Oder depressiv. Ann hatte einmal gesagt: »Derek ist nicht halb so oft depressiv, seit wir aus der Stadt weggezogen sind.« Karin hatte sich gefragt, ob »depressiv« das richtige Wort war. Derek hatte an allem etwas auszusetzen und manchmal von allem die Nase voll. War das eine Depression?

»Er ist bestimmt irgendwo in der Nähe«, sagte Ann.

»Er hatte mit Rosemary einen Riesenstreit, hast du das gewusst?«

»O ja, Karin. Das weiß ich.«

»Bedauerst du das?«

Ann sagte: »Ich habe eine neue Methode, das Silber zu putzen. Ich zeige es dir. Man nimmt einfach eine Gabel oder einen Löffel oder was immer, und man taucht sie in diese Flüssigkeit hier in der Schüssel und lässt sie einen Moment drin, und dann nimmt man sie heraus und taucht sie in Spülwasser und trocknet sie ab. Siehst du? Das Silber glänzt genauso wie früher, als ich es stundenlang gerubbelt und poliert habe. Finde ich jedenfalls. Ich finde, es glänzt genauso schön. Ich hole uns frisches Spülwasser.«

Karin tauchte eine Gabel ein. Sie sagte: »Gestern haben Rosemary und ich den ganzen Tag lang gemacht, was wir wollten. Wir haben uns nicht mal angezogen. Wir haben Waffeln gemacht und uns Quatsch aus den alten Illustrierten vorgelesen. Alten *Ladys' Home Journals*.«

»Die sind noch von meiner Mutter«, sagte Ann ein wenig steif.

»Sie ist zauberhaft«, sagte Karin. »Sie ist verlobt. Sie benutzt Pond's.«

Ann lächelte – Gott sei Dank – und sagte: »Ja, ich erinnere mich.«

»*Kann* diese Ehe gerettet werden?«, sagte Karin mit tiefer, unheilverkündender Stimme und verfiel in quengelndes Flehen.

»Das Problem ist, dass mein Mann wirklich gemein ist und ich einfach nicht weiß, was ich mit ihm machen soll. Jetzt hat er doch wirklich alle unsere Kinder aufgefressen. Und das nicht etwa, weil ich ihm nichts Gutes zu essen vorsetze, denn das tu ich. Ich plage mich den ganzen Tag am Herd ab und bereite ihm ein schmackhaftes Abendessen, und dann kommt er nach Hause, und als Erstes reißt er dem Baby ein Bein aus –«

»Jetzt hör auf«, sagte Ann, die nicht mehr lächelte. »Hör auf, Karin.«

»Aber ich will's wirklich wissen«, sagte Karin gezügelt, aber hartnäckig. »*Kann* diese Ehe gerettet werden?«

Wenn Karin an den Ort gedacht hatte, an dem sie am liebsten sein wollte, dann hatte sie das ganze Jahr über an diese Küche gedacht. Ein großer Raum, dessen Ecken im Halbdunkel blieben, auch wenn das Licht brannte. Die Muster aus grünen Blättern, die die Fenster streiften.

Die Dinge überall, die streng genommen nicht in

eine Küche gehörten. Die alte Nähmaschine und der große Polstersessel, dessen kastanienbrauner Bezug auf den Armlehnen zu einem seltsamen Graugrün abgewetzt war. Ein großes Ölbild von einem Wasserfall, gemalt von Anns Mutter, als sie verlobt war und die Zeit dazu hatte, die ihr später nie mehr blieb.

(»Ein Glück für uns alle«, sagte Derek.)

Im Hof war ein Auto zu hören, und Karin dachte: Konnte das Rosemary sein? War es Rosemary, die sich depressiv und verlassen fühlte? War sie Karin gefolgt, um nicht allein zu sein?

Als sie die Stiefel auf den Küchenstufen hörte, wusste sie, es war Derek.

Sie rief: »Überraschung. Schau mal, wer hier ist!«

Derek kam ins Zimmer und sagte »Hallo, Karin« ohne eine Spur von Wiedersehensfreude. Er stellte zwei Tüten auf dem Tisch ab. Ann fragte höflich: »Hast du den richtigen Film bekommen?«

»Ja«, sagte Derek. »Was ist das für ein Zeug?«

»Zum Silberputzen«, sagte Ann. Zu Karin sagte sie, als wollte sie sich entschuldigen: »Er ist eben in der Stadt gewesen, um Filme zu besorgen. Er will Fotos von seinen Steinen machen.«

Karin beugte sich über das Messer, das sie gerade abtrocknete. Es wäre das Schlimmste auf der Welt, wenn sie jetzt weinte (im letzten Sommer wäre das undenkbar gewesen). Ann fragte nach anderen Dingen – Lebensmitteln, die Derek gekauft hatte, und

Karin hob bewusst den Blick und heftete ihn auf den Herd. Solche Herde wurden nicht mehr hergestellt, hatte Ann ihr erzählt. Ein kombinierter Holz- und Elektroherd mit einem Segelschiff auf der Tür der Wärmeröhre. Über dem Schiff die Worte KLIPPER-HERDE.

Auch daran hatte sie sich erinnert.

»Ich glaube, Karin kann dir eine Hilfe sein«, sagte Ann. »Sie kann dir helfen, die Steine zurechtzulegen.«

Eine kurze Pause entstand, in der Ann und Derek sich vielleicht ansahen. Dann sagte Derek: »Gut, Karin. Komm und hilf mir bei den Fotos.«

Viele der Gesteinsproben lagen einfach auf dem Boden der Scheune herum – noch nicht sortiert oder beschriftet. Andere lagen in Regalen, jeweils einzeln, mit bedruckten Kärtchen zu ihrer Kennzeichnung. Eine Zeitlang schwieg Derek, machte sich an den Regalen zu schaffen, hantierte dann an der Kamera, um den besten Winkel und das geeignete Licht zu finden. Als er mit den Aufnahmen anfing, gab er Karin kurze Befehle, die Steine anders hinzulegen oder zu neigen und andere vom Boden aufzuheben, damit sie auch ohne Beschriftung fotografiert wurden. Sie hatte nicht den Eindruck, dass er ihre Hilfe überhaupt brauchte oder wollte. Ein paar Mal holte er tief Luft, als wollte er ihr das sagen – oder etwas anderes, das wichtig und unangenehm war –, aber dann sagte er nur: »Ein Stückchen nach rechts«, oder »Zeig mal die andere Seite«.

Den ganzen letzten Sommer lang hatte sie ungezogen gequengelt oder ernsthaft verlangt, auf einen von Dereks Beutezügen mitgenommen zu werden, und schließlich hatte er nachgegeben. Er machte es ihr so schwer wie möglich, ein Härtetest. Sie sprühten sich mit *Off!* ein, aber das hielt die Insekten nicht davon ab, ihnen zuzusetzen, sie wühlten sich durch ihre Haare und krabbelten in den Halsausschnitt und in die Hemdmanschetten. Karin musste mit Derek durch sumpfiges Gelände stapfen, wo sich ihre Stiefelabdrücke sofort mit Wasser füllten, dann steile Abhänge hinaufklettern, die mit Brombeerranken, wilden Rosensträuchern und den Fußangeln zäher Kletterpflanzen überwuchert waren. Immer wieder schräge Gesteinsflächen überwinden, die kahl und glatt zutage traten. Sie trugen Glöckchen um den Hals, damit sie sich orten konnten, wenn sie auseinander gerieten, und damit Bären sie kommen hörten und sich davonmachten.

Sie trafen auf einen großen Haufen Bärenkot, der frisch glänzte und ein nur halbverdautes Apfelgehäuse enthielt.

Derek hatte ihr erzählt, dass es überall in dieser Gegend Bergwerke gab. Wegen der zahlreichen Vorkommen an Bodenschätzen, die aber meistens nicht reichhaltig genug waren, um den Abbau lukrativ zu machen, sagte er. Er hatte alle diese aufgelassenen, fast vergessenen Bergwerke aufgesucht und seine Proben aus dem Gestein gehauen oder einfach vom Boden aufgesammelt. »Als ich ihn zum ersten Mal nach Hause mitgenommen habe, ist er einfach den Berg rauf verschwunden und hat eine alte Zeche entdeckt«, sagte Ann. »Da wusste ich, dass er mich wahrscheinlich heiraten würde.«

Die Bergwerke waren eine Enttäuschung, obwohl Karin das nie zugegeben hätte. Sie hatte auf Ali-Baba-Höhlen gehofft, in deren Dunkel glitzerndes Gestein funkelte. Stattdessen zeigte Derek ihr einen schmalen Eingang, fast eine natürliche Spalte im Fels und inzwischen von einer Pappel versperrt, die an dieser absurden Stelle Wurzeln getrieben hatte und krumm gewachsen war. Der andere Eingang, von dem Derek behauptete, er wäre der am leichtesten begehbare weit und breit, war nur ein Loch in einer Bergflanke, vermoderte Balken lagen auf dem Boden oder stützten noch einen Teil des Strebs, und Ziegelsteine dämmten Erdreich und Gesteinsschutt ein. Derek wies auf schwache Spuren, wo die Gleise für die Erzlore verlaufen waren. Kleine Glimmerbrocken lagen herum, und Karin hob einige auf. Wenigstens waren sie schön und sahen wie echte Schätze aus. Wie Täfelchen aus glattem, dunklem Glas, das sich in Silber verwandelte, wenn man sie ins Licht hielt.

Derek sagte ihr, nur einen einzigen zu nehmen, zum Andenken, und ihn nicht herumzuzeigen. »Behalt's für dich. Ich will kein Gerede über diesen Ort.«

Karin sagte: »Willst du, dass ich bei Gott schwöre?«

Er sagte: »Es genügt, wenn du dir's merkst.« Dann fragte er sie, ob sie die alte Burg sehen wollte.

Eine weitere Enttäuschung, und obendrein ein Witz. Er führte sie zu den Resten von Betonmauern, die wahrscheinlich früher einen Lagerplatz für Erz umschlossen hatten. Er zeigte ihr eine Schneise in den hohen Bäumen, einst für die Eisenbahn geschlagen und jetzt von Schösslingen zugewuchert. Der Witz war, dass einige der Hippies sich vor ein paar Jahren hierhin verirrt und anschließend behauptet hatten, da stünde eine alte Burg. Derek hasste es, wenn jemand solche Fehler machte und nicht sah, was er vor Augen hatte oder was sich mit Hilfe der richtigen Informationen einfach erklären ließ.

Karin spazierte auf den bröckelnden Mauern herum, und er sagte ihr nicht, sieh dich vor, pass auf, wo du hintrittst, brich dir nicht das Genick.

Auf dem Heimweg ging ein heftiges Gewitter nieder, und sie mussten in einem Zederndickicht bleiben. Karin konnte nicht stillsitzen – sie vermochte nicht zu sagen, ob sie Angst hatte oder ausgelassen war. Ausgelassen, entschied sie, und sie sprang auf und rannte im Kreis, warf die Arme in die Luft und kreischte im gleißenden Licht, das sogar bis in ihren

Verhau drang. Derek sagte ihr, sie sollte sich beruhigen, sich einfach hinsetzen und nach jedem Blitz bis fünfzehn zählen und abwarten, ob das nicht den Donner herbeirief.

Aber sie dachte, dass er mit ihr zufrieden war. Dass er nicht dachte, sie hätte Angst.

Die Wahrheit war, dass es Menschen gab, denen man unbedingt gefallen wollte. Derek gehörte dazu. Wenn man vor solchen Menschen versagte, würden sie einen im Geiste in eine Schublade tun, in der man ein für allemal blieb und ewig von ihnen verachtet wurde. Angst vor den Blitzen, Angst, als sie den Bärenkot sah, oder der Wunsch, sich einzubilden, die Ruine wäre die Ruine einer alten Burg – sogar das Unvermögen, die verschiedenen Eigenschaften von Glimmer, Pyrit, Quarz, Silber und Feldspat zu erkennen –, jedes davon konnte Derek veranlassen, sie abzuschreiben. Wie er auf andere Art Rosemary und Ann abgeschrieben hatte. Hier draußen mit Karin war er ernsthaft, mehr er selbst, er erwies allem die Ehre seiner ernsthaften Aufmerksamkeit. Wenn er mit ihr zusammen war und mit keiner der beiden anderen.

»Sind dir heute hier Anzeichen eines finsteren Verhängnisses aufgefallen?«, fragte Derek.

Karin strich mit den Händen über ein Stück Quarz, das wie Eis mit einer Kerze darin aussah. Sie fragte: »Ist es wegen Rosemary?«

»Nein«, sagte Derek. »Es ist ernst. Ann hat ein Angebot für das Grundstück erhalten. Ein Immobilienhai aus Stoco ist hergekommen und hat ihr erzählt, ein japanischer Konzern will es kaufen. Sie wollen den Glimmer. Um Keramikmotorblöcke für Autos zu bauen. Sie denkt darüber nach. Sie kann es verkaufen, wenn sie will. Es gehört ihr.«

Karin fragte: »Warum sollte sie das machen? Verkaufen?«

»Geld«, sagte Derek. »Versuch's mal mit Geld.«

»Zahlt Rosemary ihr nicht genug Miete?«

»Wie lange wird das noch dauern? Die Weiden sind in diesem Jahr nicht verpachtet, das Land ist zu sumpfig. In das Haus muss Geld gesteckt werden, sonst fällt es zusammen. Ich habe vier Jahre an einem Buch gearbeitet, das noch nicht mal fertig ist. Wir sind klamm. Weißt du, was der Makler zu ihr gesagt hat? Er hat gesagt: ›Das hier kann ein neues Sudbury werden.‹ Und das war kein Witz.«

Karin begriff nicht, warum. Sie wusste nichts über Sudbury. »Wenn ich reich wäre, könnte ich es kaufen«, sagte sie. »Dann könntest du so weitermachen wie bisher.«

»Eines Tages wirst du reich sein«, sagte Derek sachlich. »Aber nicht rechtzeitig genug.« Er steckte die Kamera in ihre Tasche. »Verdirb es dir nicht mit deiner Mutter«, sagte er. »Sie ist stinkreich.«

Karin spürte, wie ihr die Hitze ins Gesicht stieg,

sie spürte den Schock dieser Worte. Sie hatte das noch nie gehört. Stinkreich. Es klang abscheulich.

Er sagte: »So – ab in die Stadt damit und mal sehen, wann sie die entwickeln.« Er fragte nicht, ob sie mitkommen wollte, und sie hätte ihm auch kaum antworten können; Tränen schossen ihr in die Augen. Sie war gelähmt und geblendet von dem, was er gesagt hatte.

Sie musste auf die Toilette, also ging sie ins Haus hinüber.

Aus der Küche kam ein guter Geruch – der Geruch von simmerndem Fleisch.

Die einzige Toilette befand sich im Obergeschoss. Karin hörte Ann dort in ihrem Zimmer umhergehen. Sie rief ihr nicht zu und schaute auch nicht zu ihr hinein. Aber als sie wieder hinuntergehen wollte, rief Ann sie zu sich.

Sie hatte sich geschminkt, damit ihr Gesicht nicht so fleckig aussah.

Stapel von Kleidungsstücken lagen auf dem Bett und dem Fußboden.

»Ich versuche, Ordnung zu schaffen«, sagte Ann. »Hier sind Kleider, die ich völlig vergessen hatte. Ein Teil davon muss auf den Müll.«

Das hieß, es war ihr ernst mit dem Verkauf. Sie wollte Sachen wegwerfen, bevor sie auszog. Wenn Rosemary sich auf Umzüge vorbereitete, packte sie alles ein, während Karin in der Schule war. Karin sah nie, welche Dinge sie auswählte, um sie mitzunehmen. Sie sah sie nur später wieder auftauchen, erst in der Wohnung in Toronto und jetzt im Wohnwagen. Ein Kissen, zwei Kerzenleuchter, ein Schmuckteller – vertraut, aber völlig fehl am Platz. Wenn es nach Karin gegangen wäre, hätten sie überhaupt nichts mitgenommen.

»Siehst du den Koffer?«, fragte Ann. »Da oben auf dem Schrank? Meinst du, du kannst auf den Stuhl steigen und ihn so weit über den Rand ziehen, dass ich ihn auffangen kann? Ich hab's versucht, aber mir wurde schwindlig. Zieh ihn nur vor, und ich fange ihn auf.«

Karin stieg auf den Stuhl und zog an dem Koffer, bis er auf der Schrankkante kippelte, und Ann fing ihn auf. Atemlos bedankte sie sich bei Karin und ließ ihn aufs Bett fallen.

»Ich hab den Schlüssel, hier hab ich den Schlüssel«, sagte sie.

Das Schloss klemmte, und die Schnallen ließen sich nur schwer öffnen. Als der Deckel aufklappte, stieg Mottenkugelgeruch aus einem lappigen Stoffbündel. Der Geruch war Karin aus den Secondhand-Läden, in denen Rosemary gerne einkaufte, wohlvertraut.

»Sind das die alten Sachen von deiner Mutter?«, fragte sie.

»Karin! Das ist mein Hochzeitskleid«, sagte Ann

175

halb lachend. »Das ist nur das alte Tuch, in das es eingewickelt ist.« Sie zog ein angegrautes Laken weg und hob ein Gebilde aus Spitzen und Taft heraus. Karin machte auf dem Bett dafür Platz. Vorsichtig begann Ann, das Kleid zu wenden. Der Taft raschelte wie welkes Laub.

»Und mein Hochzeitsschleier«, sagte Ann und hob ein hauchdünnes Gewebe hoch, das an dem Taft klebte. »Ach, ich hätte besser darauf Acht geben sollen.«

Im Rock war ein langer, schmaler Schlitz, wie von einer Rasierklinge.

»Ich hätte es aufhängen müssen«, sagte Ann. »In einer dieser Plastiktüten, die man in der Reinigung bekommt. Taft ist so empfindlich. Der Riss ist da, wo es gefaltet war. Dabei habe ich das gewusst. Taft darf man niemals falten.«

Sie begann, die verschiedenen Materialien voneinander zu trennen, zog behutsam mit leisen, ermutigenden Lauten, bis sie das Ganze in die Form eines Kleides zurechtschütteln konnte. Der Schleier war zu Boden gefallen. Karin hob ihn auf.

»Gaze«, sagte sie. Sie redete, um Dereks Stimme aus ihrem Kopf zu verbannen.

»Tüll«, sagte Ann. »Spitzen und Tüll. Ich sollte mich schämen, dass ich es nicht besser gepflegt habe. Ein Wunder, dass es sich so gut gehalten hat. Ein Wunder, dass es überhaupt gehalten hat.«

»Tüll«, sagte Karin. »Von Tüll habe ich noch nie gehört. Und von Taft, glaube ich, auch noch nie.«

»Früher wurde er oft verwendet«, sagte Ann. »In alter Zeit.«

»Hast du ein Foto von dir in dem Kleid? Hast du ein Foto von deiner Hochzeit?«

»Mutter und Dad hatten ein Foto, aber ich habe keine Ahnung, was daraus geworden ist. Derek hat nicht viel übrig für Hochzeitsfotos. Er hatte auch nicht viel für Hochzeiten übrig. Ich weiß gar nicht, wie ich das damals geschafft habe. Die Trauung fand in der Kirche von Stoco statt, stell dir vor. Und ich hatte meine drei Freundinnen dabei, Dorothy Smith und Muriel Lifton und Dawn Challeray. Dorothy hat Orgel gespielt, und Dawn war meine Brautjungfer, und Muriel hat gesungen.«

Karin fragte: »Welche Farbe hat deine Brautjungfer getragen?«

»Apfelgrün. Ein Spitzenkleid mit Chiffoneinsätzen. Nein, umgekehrt. Chiffon mit Spitze.«

Ann sagte das alles in leicht skeptischem Tonfall und überprüfte dabei die Säume des Kleides.

»Was hat die, die gesungen hat, gesungen?«

»Muriel. ›O vollkommne Liebe‹. *O, vollkommne Liebe, die alle Menschenliebe übertrifft* – aber eigentlich ist das ein Choral. Eigentlich geht es darin um göttliche Liebe. Ich weiß nicht, wer das ausgesucht hat.«

Karin berührte den Taft. Er fühlte sich trocken und kühl an.

»Zieh es mal an«, sagte sie.

»Ich?«, sagte Ann. »Das ist für jemanden mit einer Sechzig-Zentimeter-Taille gemacht. Ist Derek schon in die Stadt gefahren? Mit seinen Filmen?«

Sie hörte nicht zu, als Karin ja sagte. Außerdem musste sie das Auto gehört haben.

»Er meint, er muss alles auf Fotos festhalten«, sagte sie. »Ich weiß nicht, was diese Eile soll. Danach will er alles verpacken und beschriften. Er scheint zu denken, er wird das alles nie wiedersehen. Hat er bei dir den Eindruck erweckt, das Grundstück sei verkauft?«

»Noch nicht«, sagte Karin.

»Nein. Noch nicht. Und ich würde es nie tun, es sei denn, ich müsste. Ich werde es nicht tun, es sei denn, ich muss. Obwohl ich denke, ich werde es müssen. Manchmal wird etwas einfach notwendig. Man muss daraus keine Tragödie machen oder eine Art persönliche Strafe.«

»Kann ich es anprobieren?«, fragte Karin.

Ann betrachtete sie prüfend. Sie sagte: »Wir müssen sehr vorsichtig sein.«

Karin streifte die Schuhe ab und zog die Shorts und die Bluse aus. Ann senkte das Kleid über ihren Kopf und schloss sie für einen Augenblick in eine weiße Wolke ein. Karin musste behutsam in die Ärmel aus Spitze schlüpfen, bis deren Zipfelenden auf ihren Handrücken lagen. Ihre Haut wirkte daneben braun, obwohl sie noch nicht in der Sonne gewesen war. An der Seite mussten viele Haken und Ösen geschlossen werden, und dann noch weitere im Genick. Die hielten ein breites Halsbündchen aus Spitze, das sich eng um Karins Kehle schloss. Da sie unter dem Kleid nichts als ihr Höschen anhatte, spürte sie den Kitzel der Spitze auf ihrer Haut. Spitze war mit ihren Berührungen hier und dort zudringlicher als alles, was sie gewohnt war. Sie schrak davor zurück, die Spitze an ihren Brustwarzen zu spüren, aber zum Glück war sie dort, wo Anns Brüste gewesen waren, weiter gearbeitet, ausgebeult. Karins Brust war immer noch fast flach, aber manchmal spürte sie ihre Brustwarzen anschwellen, empfindlich werden, als wollten sie gleich platzen.

Der Taft musste zwischen ihren Beinen hervorgezogen und zu einem glockenförmigen Rock ausgebreitet werden. Dann fiel Spitze in gerafften Wolken über den Rock.

»Du bist größer, als ich dachte«, sagte Ann. »Du kannst darin herumgehen, wenn du es ein bisschen hochhältst.«

Sie nahm eine Bürste von der Frisierkommode und begann, Karin das Haar über die spitzenbedeckten Schultern zu bürsten.

»Nussbraunes Haar«, sagte sie. »Ich erinnere mich

noch an Bücher, in denen hatten die Mädchen immer nussbraunes Haar. Und weißt du, sie haben tatsächlich Nüsse benutzt, um es zu färben. Meine Mutter konnte sich erinnern, wie die Mädchen Walnüsse gekocht haben, um einen Farbstoff zu erhalten, den sie sich dann ins Haar getan haben. Wenn man sich die Hände damit fleckig machte, war man natürlich verraten und verkauft, denn er ging nur sehr schwer ab.«

»Halt still«, sagte sie und schüttelte den Schleier aus, so dass er über die glatten Haare fiel, dann stellte sie sich vor Karin, um ihn anzustecken. »Der Brautkranz ist verschwunden«, sagte sie. »Ich muss ihn für etwas anderes benutzt oder verschenkt haben, damit eine andere ihn zur Hochzeit tragen konnte. Ich weiß es nicht mehr. Inzwischen würde er sowieso komisch aussehen. Es war eine Stuarthaube.«

Sie blickte sich um und nahm Seidenblumen – einen Zweig mit Apfelblüten – aus einer Vase auf der Frisierkommode. Dieser neue Einfall hieß, sie musste die Haarnadeln wieder herausnehmen und von vorn anfangen, den Apfelblütenzweig zu einem Brautkranz zurechtbiegen. Der Zweig sträubte sich, aber schließlich war er krumm genug und festgesteckt. Sie ging aus dem Weg und schob Karin sanft vor den Spiegel.

Karin sagte: »Oh. Kann ich es haben, wenn ich mal heirate?«

Sie meinte das gar nicht so. Sie dachte nicht daran, je zu heiraten. Sie sagte es, um Ann einen Gefallen zu tun, nach all ihrer Mühe, und um ihre eigene Verlegenheit angesichts ihres Spiegelbildes zu verbergen.

»Dann wird ganz etwas anderes in Mode sein«, sagte Ann. »Es ist ja nicht mal jetzt in Mode.«

Karin wandte den Blick vom Spiegel und sah dann, besser vorbereitet, wieder hinein. Sie erblickte eine Heilige. Leuchtendes Haar und blasse Blüten, schwache Schleierschatten auf den Wangen, feierliche Hingabe, Schönheit, die sich so ernst nahm, dass sie etwas Schicksalhaftes an sich hatte, und etwas Törichtes dazu. Sie zog eine Fratze, um dieses Gesicht aufzubrechen, aber es ging nicht – es schien, als hätte die Braut, das im Spiegel geborene Mädchen, die Oberhand gewonnen.

»Ich möchte mal wissen, was Derek sagen würde, wenn er dich jetzt sähe«, sagte Ann. »Ich möchte mal wissen, ob er überhaupt merken würde, dass es mein Hochzeitskleid ist.« Ihre Augenlider flatterten in ihrer scheuen, besorgten Art. Sie trat näher, um die Blüten und Haarnadeln zu lösen. Karin roch Seife aus ihren Achseln und Knoblauch an ihren Fingern.

»Er würde sagen: Was ist denn das für ein blöder Aufzug?«, sagte Karin in nachgeahmtem überlegenem Derek-Tonfall, als Ann ihr den Schleier abnahm.

Sie hörten das Auto durch das Tal kommen.

»Wenn man vom Teufel spricht«, sagte Ann. Sie hatte es jetzt so eilig, die Haken zu öffnen, dass ihre Finger ungeschickt waren und zitterten. Als sie versuchte, Karin das Kleid über den Kopf zu ziehen, verhakte sich etwas.

»Verdammt«, sagte Ann.

»Geh nur«, sagte Karin dumpf. »Geh und lass mich machen. Ich hab's schon.«

Als sie aus dem Kleid auftauchte, sah sie, dass Ann mit den Tränen zu kämpfen schien.

»Das mit Derek war doch nur Spaß«, sagte sie.

Aber vielleicht drückte Anns Miene nur Angst und Besorgnis um das Kleid aus.

»Wie, was?«, fragte Ann. »Ach. Still. Vergiss es.«

Karin stand reglos auf der Treppe, um die Stimmen in der Küche zu hören. Ann war vor ihr hinunterge-rannt.

Derek fragte: »Wird das gut? Was du da kochst?«

»Hoffentlich«, sagte Ann. »Es ist Osso buco.«

Dereks Stimme hatte sich verändert. Er war nicht mehr wütend. Er legte es darauf an, freundschaftlich zu klingen. Anns Stimme war erleichtert, außer Atem, bemüht, sich seiner neuen Laune anzupassen.

»Wird es auch für Gäste reichen?«, fragte er.

»Welche Gäste?«

»Nur Rosemary. Hoffentlich reicht es, denn ich habe sie eingeladen.«

»Rosemary und Karin«, sagte Ann ruhig. »Es wird reichen, aber es ist kein Wein da.«

»Jetzt schon«, sagte Derek. »Ich habe welchen geholt.«

Dann murmelte oder flüsterte er Ann etwas zu. Er musste sehr dicht bei ihr stehen und in ihr Haar oder ihr Ohr sprechen. Er schien sie zu necken, zu bitten, zu trösten, ihr eine Belohnung zu versprechen, alles gleichzeitig. Karin hatte solche Angst, es könnten Worte daraus auftauchen – Worte, die sie verstehen und nie vergessen würde –, dass sie laut trampelnd die Treppe hinunterstapfte und in die Küche ging und rief: »Wer ist diese Rosemary? Habe ich ›Rosemary‹ gehört?«

»Schleich dich nicht so an uns heran, *enfant*«, sagte Derek. »Mach ein bisschen Krach, damit wir dich kommen hören.«

»Habe ich ›Rosemary‹ gehört?«

»Den Namen deiner Mutter«, sagte er. »Ich schwöre es dir, den Namen deiner Mutter.«

All die angespannte Misslaunigkeit war verschwunden. Er war ausgelassen und übermütig, wie manchmal im vorigen Sommer.

Ann sah sich den Wein an und sagte: »Das ist ein schöner Wein, Derek, der passt wunderbar dazu. Mal sehen. Karin, du kannst mir helfen. Wir decken den langen Tisch auf der Veranda. Wir nehmen das blaue Geschirr und das gute Silber – ein Glück, dass wir das Silber gerade geputzt haben. Wir werden zwei Sorten Kerzen aufstellen. Die langen gelben in die Mitte, Karin, und einen Kreis von kleinen weißen um sie herum.«

»Wie ein Tausendschönchen«, sagte Karin.

»Genau«, sagte Ann. »Ein Festessen. Weil du den Sommer über wieder hier bist.«

»Was kann ich tun?«, fragte Derek.

»Lass mich nachdenken. Ach – du kannst gehen und mir was für den Salat holen. Etwas Lattich und Sauerampfer, und meinst du, im Bach wächst Brunnenkresse?«

»Ja«, sagte Derek. »Ich habe welche gesehen.«

»Dann hol mir auch davon.«

Derek strich mit der Hand über ihre Schulter. »Alles wird gut.«

Als sie fast fertig waren, legte Derek eine Platte auf. Es war eine der Platten, die er in Rosemarys Wohnwagen mitgenommen hatte und zurückgeholt haben musste. *Alte Weisen und Tänze für die Laute*, die Plattenhülle zeigte eine Gruppe altmodischer, gertenschlanker Damen, alle in Kleidern mit hoher Taille, vor den Ohren hingen ihnen Löckchen, und sie tanzten im Kreis. Die Musik hatte Derek oft dazu angeregt, einen gemessenen und komischen Tanz zu vollführen, dem sich Karin und Rosemary dann anschlossen. Karin konnte es im Tanzen mit ihm aufnehmen, aber Rosemary nicht. Rosemary gab sich zu große Mühe, sie bewegte sich ein wenig zu spät, sie versuchte, nachzuahmen, was nur spontan entstehen konnte.

Karin fing jetzt an zu tanzen, rings um den Küchentisch, an dem Ann Salat in kleine Stücke riss und Derek den Wein öffnete. »Alte Weisen und Tänze für die Laute«, sang sie verzückt. »Meine Mutter kommt zum Essen, meine Mutter kommt zum Essen.«

»Ich glaube, Karins Mutter kommt zum Essen«, sagte Derek. Er hielt die Hand hoch. »Still, still. Höre ich da ihr Auto?«

»O je. Ich sollte mir wenigstens das Gesicht waschen«, sagte Ann. Sie warf den Salat hin und eilte in die Diele und die Treppe hinauf.

Derek ging zum Plattenspieler. Er setzte die Nadel zurück auf den Anfang. Als die Platte wieder lief, ging er hinaus, um Rosemary zu empfangen – etwas, was er nur selten tat. Karin wollte eigentlich selbst hinauslaufen. Aber als Derek es tat, beschloss sie, es zu lassen. Stattdessen folgte sie Ann die Treppe hinauf. Jedoch nicht bis nach oben. Auf dem Treppenabsatz war ein kleines Fenster, bei dem nie jemand stehen blieb und hinausschaute. Mit einer Gardine davor, sodass man kaum gesehen werden konnte.

Sie hatte sich so beeilt, dass sie Derek über den Rasen und durch die Lücke in der Hecke gehen sah.

Mit langen, zielstrebigen, verstohlenen Schritten. Er würde rechtzeitig da sein, um sich hinunterzubeugen und die Autotür zu öffnen, sie mit Schwung zu öffnen und Rosemary herauszuhelfen. Karin hatte ihn das nie tun sehen, aber sie wusste, dass er es sich vorgenommen hatte.

Ann war immer noch im Badezimmer – Karin hörte die Dusche rauschen. Ihr blieben ein paar Minuten, um ungestört zu beobachten.

Und jetzt hörte sie die Autotür zuschlagen. Aber ihre Stimmen hörte sie nicht. Das war unmöglich, bei der Musik, die durchs Haus schallte. Und sie waren immer noch nicht durch die Lücke in der Hecke zu sehen. Immer noch nicht. Und immer noch nicht. Und immer noch nicht.

Einmal, nachdem Rosemary Ted verlassen hatte, kam sie zurück. Nicht ins Haus – sie durfte nicht ins Haus kommen. Ted brachte Karin zu einem Restaurant, und darin saß Rosemary. Sie aßen zusammen zu Mittag. Karin bestellte sich einen Shirley-Temple-Cocktail und Pommes. Rosemary erzählte ihr, dass sie nach Toronto ging, um für einen Verlag zu arbeiten. Karin wusste nicht, was ein Verlag war.

Da kommen sie. Quetschen sich zusammen durch die Lücke in der Hecke, wo sie nur hintereinander hindurchpassen. Rosemary hat ihre Haremshose an, aus dünner, weicher himbeerroter Baumwolle. Ihre dunklen Beine scheinen durch. Ihr Oberteil ist aus festerer Baumwolle, bedeckt mit Stickerei und aufgenähten winzigen Spiegeln. Sie scheint sich um ihr aufgetürmtes Haar zu sorgen – ihre Hände fliegen hoch, in einer Geste reizender Nervosität, um weitere Strähnchen und Löckchen zu lösen, damit sie um ihr Gesicht flattern und baumeln können. (Ähnlich wie den Damen auf der Hülle von *Alte Weisen und Tänze* die Locken über die Ohren baumeln.) Ihre Fingernägel sind passend zu ihrer Hose lackiert.

Derek legt nirgends die Hände auf Rosemary, sieht aber so aus, als sei er ständig im Begriff, es zu tun.

»Ja, aber *wohnst* du dann auch da?«, fragte Karin in dem Restaurant.

Der lange Derek beugt sich dicht zu Rosemarys wildem, schönem Haar, als sei das ein Nest, in das er sich am liebsten fallen lassen würde. Er ist so aufmerksam. Ob er sie berührt oder nicht, ob er mit ihr spricht oder nicht. Er zieht sie an und gibt sich dabei die größte Mühe. Wird aber dabei selbst angezogen, angelockt. Karin erkennt darin ein wenig dieses wohlige, kitzlige Gefühl, wenn man sagt: Nein, ich bin noch nicht schläfrig, nein, ich bin noch wach –

Rosemary weiß in diesem Augenblick nicht, was

sie tun soll, denkt aber, sie braucht gar nichts zu tun. Wie sie herumwirbelt in ihrem Käfig aus rosenroten Farben. Ihrem Käfig aus Zuckerwatte. Wie Rosemary zwitschert und betört.

Stinkreich, hat er gesagt.

Ann kommt aus dem Badezimmer, ihr graues Haar ist dunkel und feucht, straff zurückgekämmt, ihr Gesicht glüht von der Dusche.

»Karin. Was machst du da?«

»Beobachten.«

»Was beobachten?«

»Zwei verliebte Turteltauben.«

»Also, Karin«, sagt Ann und geht weiter die Treppe hinunter.

Und bald kommen fröhliche Rufe von der Haustür (besonderer Anlass) und aus der Diele: »Was riecht da so herrlich?« (Rosemary). »Nur ein paar alte Knochen, die Ann auskocht« (Derek).

»Und das da – wunderschön«, sagt Rosemary, während sich der gesellige Trubel ins Wohnzimmer bewegt. Sie spricht von einem Strauß aus grünen Blättern und Juni-Gräsern und frühen Feuerlilien, den Ann in den cremeweißen Krug neben der Wohnzimmertür gestellt hat.

»Nur ein bisschen Unkraut, das Ann gerupft hat«, sagt Derek, und Ann sagt: »Ach, ich fand, es sieht hübsch aus«, und Rosemary sagt wieder: »Wunderschön.«

Nach dem Mittagessen sagte Rosemary, sie wolle Karin ein Geschenk kaufen. Nicht zum Geburtstag und nicht zu Weihnachten – ein wundervolles Geschenk, einfach so.

Sie gingen in ein Kaufhaus. Jedes Mal, wenn Karin stehen blieb, um etwas zu betrachten, zeigte Rosemary sich sofort begeistert und bereit, es zu kaufen. Sie hätte einen Samtmantel mit Pelzbesatz am Kragen und an den Ärmeln gekauft, ein nostalgisch angemaltes Schaukelpferd, einen rosa Plüschelefanten, der ungefähr ein Viertel der natürlichen Größe zu haben schien. Um diesem unseligen Umherirren ein Ende zu bereiten, suchte sich Karin eine billige Nippesfigur aus – eine Tänzerin, die auf einem kleinen Spiegel posierte. Die Ballerina drehte sich nicht im Kreis, keine Musik spielte für sie – nichts, das diese Wahl rechtfertigen konnte. Man sollte meinen, dass Rosemary das verstand. Sie hätte verstehen müssen, was eine solche Wahl aussagte – dass Karin nicht glücklich zu machen war, Wiedergutmachung unmöglich, Verzeihung ausgeschlossen. Aber sie begriff es nicht. Oder zog vor, es nicht zu begreifen. Sie sagte: »Ja. Das gefällt mir. Wie anmutig sie ist. Sie wird hübsch aussehen auf deiner Frisierkommode. Oh, ja.«

Karin steckte die Ballerina weg in eine Schublade. Als Grace sie fand, erklärte sie, dass eine Freundin in der Schule sie ihr geschenkt hätte und dass sie die

Gefühle der Freundin nicht verletzen könnte, indem sie sagte, dass sie so etwas eigentlich nicht mochte.

Grace kannte sich damals mit Kindern noch nicht aus, sonst hätte sie diese Geschichte wohl in Zweifel gezogen.

»Das kann ich verstehen«, sagte sie. »Ich gebe das Ding einfach in den Wohltätigkeitsbasar fürs Krankenhaus – unwahrscheinlich, dass sie es da entdeckt. Außerdem gibt es davon bestimmt Hunderte.«

Unten klirrten Eiswürfel, die Derek in die Drinks fallen ließ. Ann sagte: »Karin ist hier irgendwo, sie wird bestimmt gleich auftauchen.«

Karin schlich leise, leise die restlichen Stufen hinauf und in Anns Zimmer. Auf dem Bett lagen die Sachen durcheinander, und obendrauf, wieder in sein Tuch eingewickelt, lag das Hochzeitskleid. Sie zog ihre Shorts und ihre Bluse und die Schuhe aus und begann mit der gefährlichen, schwierigen Prozedur, das Kleid anzulegen. Statt es über den Kopf zu ziehen, kroch sie hinein, schlängelte sich durch den raschelnden Rock und das Spitzenoberteil. Sie steckte die Arme in die Ärmel, wobei sie sich vorsah, nicht mit einem Fingernagel an der Spitze hängen zu bleiben. Ihre Fingernägel waren überwiegend zu kurz, um ein Problem zu sein, aber sie war trotzdem vorsichtig. Sie zog sich die Spitzenzipfel über die Hände. Dann machte sie alle Haken an der Seite zu. Das

Schwerste waren die Haken im Genick. Sie senkte den Kopf und zog die Schultern ein, damit sie leichter an die Haken kam. Trotzdem passierte ihr ein Malheur – unter einem Arm riss die Spitze ein wenig ein. Das erschreckte sie, für einen Moment hielt sie sogar still. Aber sie war schon zu weit gegangen, um jetzt aufzugeben, und die übrigen Haken bekam sie ohne weiteres Missgeschick zu. Den Riss konnte sie zunähen, wenn sie das Kleid ausgezogen hatte. Oder sie konnte lügen und behaupten, er wäre ihr schon aufgefallen, bevor sie das Kleid angezogen hatte. Außerdem würde Ann ihn vielleicht gar nicht bemerken.

Jetzt der Schleier. Mit dem Schleier musste sie sehr vorsichtig umgehen. Jeder Riss würde zu sehen sein. Sie schüttelte ihn aus und versuchte, ihn mit dem Apfelblütenzweig festzustecken, wie Ann es getan hatte. Aber es gelang ihr nicht, den Zweig richtig zurechtzubiegen oder mit den glatten Haarnadeln zu befestigen. Sie dachte, vielleicht war es besser, das Ganze mit einem Band oder einer Schärpe festzubinden. Sie ging an Anns Kleiderschrank, um zu sehen, ob sich da etwas finden ließ. Und an der Innentür war eine Krawattenstange mit Herrenkrawatten. Mit Dereks Schlipsen, obwohl sie ihn noch nie einen hatte tragen sehen.

Sie zog einen gestreiften Schlips von der Stange, legte ihn um die Stirn und band ihn hinten zu, sodass der Schleier fest saß. Sie tat das vor dem Spiegel, und als sie fertig war, sah sie, das gab ihr etwas von einem Zigeunermädchen, von ordinärem, komischem Flitter. Ihr kam eine Idee, die sie zwang, unter großer Anstrengung all die Haken und Ösen wieder zu öffnen und dann das Mieder vorn mit Sachen von Anns Bett auszustopfen, bis die Spitze, die – für Anns Busen geschneidert – schlaff heruntergegangen hatte, prall, zu prall gefüllt war. Besser so, besser, sie mussten lachen. Danach bekam sie nicht mehr alle Haken zu, aber genug, damit der groteske Busen nicht wegrutschte. Sie schaffte es auch, das Halsbündchen zu schließen. Als sie fertig war, schwitzte sie am ganzen Körper.

Ann trug weder Lippenstift noch Augenmake-up, aber auf der Frisierkommode stand überraschend eine Dose mit versteinertem Rouge. Karin spuckte hinein und rieb sich runde Kleckse auf die Wangen.

Die Haustür führte in die Diele am Fuß der Treppe, und aus dieser Diele führte eine Seitentür auf die Sonnenveranda, und eine weitere Tür (auf derselben Seite) führte ins Wohnzimmer. Man konnte auch, durch eine Tür am anderen Ende, von der Veranda direkt ins Wohnzimmer gelangen. Das Haus war seltsam geplant oder überhaupt nicht geplant, sagte Ann. Verschiedenes war um oder angebaut worden, wie es den Vorbesitzern gerade eingefallen war. Die lange, schmale, verglaste Veranda taugte nicht zum Sonnenbaden, da sie auf der Ostseite des Hauses und zudem im Schatten einer Reihe von Pappelschösslingen lag, die außer Kontrolle geraten und rasch in die Höhe gewachsen waren, wie Pappeln es tun. In Anns Kindheit war die Veranda hauptsächlich dazu benutzt worden, um Äpfel zu lagern, obwohl sie und ihre Schwester den Weg außen herum, den die drei Türen ermöglichten, geliebt hatten. Und sie mochte den Raum jetzt, um im Sommer darin das Abendessen zu servieren. Wenn der Tisch ausgezogen war, blieb kaum noch Platz, um zwischen den Stühlen und der inneren Wand umherzugehen. Aber wenn alle auf einer Seite, mit dem Gesicht zu den Fenstern, und an den Schmalseiten saßen – und so war der Tisch heute Abend gedeckt –, blieb für eine schlanke Person und ganz gewiss für Karin genug Platz, um hindurchzugehen.

Karin kam barfuß die Treppe herunter. Niemand konnte sie aus dem Wohnzimmer sehen. Und sie entschied sich, dieses Zimmer nicht durch die übliche Tür zu betreten, sondern am Tisch vorbei durch die Veranda zu gehen und dann zu erscheinen, sie zu überraschen, von der Veranda her, wo sie sie am allerwenigsten vermuteten.

Die Veranda lag bereits im Halbdunkel. Ann hatte die zwei langen gelben Kerzen angezündet, aber noch nicht die kleinen weißen, die sich um sie scharten. Die gelben dufteten nach Zitrone und sollten nach Anns Wunsch wohl Reste von Muffigkeit aus dem Raum vertreiben. Sie hatte auch das Fenster am einen Ende des Tisches geöffnet. Selbst an den windstillsten Abenden kam von den Pappeln immer ein Luftzug.

Karin benutzte beide Hände, um den Rock zu halten, als sie am Tisch vorbeiging. Sie musste ihn ein wenig hochhalten, damit sie gehen konnte. Und sie wollte nicht, dass der Taft zu hören war. Sie hatte vor, »Hier kommt die Braut« zu singen, sobald sie durch die Tür trat.

Hier kommt die Braut,
Dick, rund und laut,
Hochgradig schwanger,
Bevor sie getraut.

Der Luftzug fuhr mit einer kleinen, energischen Bö auf sie zu und zog an ihrem Schleier. Aber der war so festgebunden, dass sie keine Sorge hatte, ihn zu verlieren.

Als sie um den Tisch bog, um ins Wohnzimmer zu gehen, hob sich der Schleier und trieb durch die Kerzenflammen. Sobald die Menschen im Zimmer sie sahen, sahen sie auch schon die Flammen, die sie verfolgten. Ihr selbst blieb gerade noch Zeit, den Geruch der zerbröselnden Spitze wahrzunehmen – eine sonderbare giftige Schärfe auf dem Duft der zum Abendessen simmernden Markknochen. Dann ein Ansturm unsinniger Hitze und Schreie, ein brutaler Sturz in die Finsternis.

Rosemary war als Erste bei ihr und hieb mit einem Kissen auf ihren Kopf ein. Ann rannte, um den Krug aus der Diele zu holen, und schüttete ihr das Blumenwasser mitsamt Lilien, Gräsern und Laub über den lodernden Schleier und die Haare. Derek zerrte den Teppich vom Boden hoch, warf dabei Stühle und Tischchen und Gläser krachend um, und konnte Karin fast darin einwickeln und die letzten Flammen ersticken. Fetzen der Spitze glommen noch in ihren durchnässten Haaren, und Rosemary verbrannte sich die Finger, als sie sie herausriss.

Die Haut auf ihren Schultern und ihrem oberen Rücken und auf einer Seite ihres Halses war von Brandwunden entstellt. Dereks Schlips hatte den Schleier ein wenig von ihrem Gesicht fern gehalten und ihr so die schlimmsten Spuren erspart. Aber auch, als ihr Haar wieder nachgewachsen war und sie es nach vorn bürstete, konnte es die Narben an ihrem Hals nicht völlig verbergen.

Sie erhielt eine Reihe von Hauttransplantationen, und danach sah sie besser aus. Nach der High School, im College, konnte sie dann wieder einen Badeanzug tragen.

Als sie in dem Zimmer im Belleville-Krankenhaus zum ersten Mal die Augen aufschlug, sah sie alle möglichen Sorten Tausendschönchen. Weiße, gelbe, hell und dunkelrote, sogar auf dem Fensterbrett.

»Sind sie nicht entzückend?«, sagte Ann. »Sie schicken immerzu welche. Sie schicken immerzu neue, dabei sind die ersten noch frisch oder wenigstens noch nicht reif zum Wegwerfen. Von überall, wo sie auf ihrer Reise Halt machen, schicken sie welche. Inzwischen müssten sie in Cape Breton sein.«

Karin fragte: »Hast du die Farm verkauft?«

Rosemary sagte: »Karin.«

Karin schloss die Augen und versuchte es noch einmal.

»Hast du gedacht, es ist Ann?«, fragte Rosemary. »Ann und Derek sind auf einer Reise. Das habe ich dir gerade erzählt. Ann hat tatsächlich die Farm verkauft oder wird sie jedenfalls verkaufen. Merkwürdig, dass du an so was denkst.«

»Sie sind auf ihrer Hochzeitsreise«, sagte Karin. Das war ein Trick – um Ann zurückzuholen, falls sie es doch war –, damit sie vorwurfsvoll sagte: »Also, Karin.«

»Das Hochzeitskleid bringt dich auf solche Gedanken«, sagte Rosemary. »Sie sind verreist, um sich nach etwas umzuschauen, wo sie hinziehen wollen.«

Also war es wirklich Rosemary. Und Ann auf der Reise. Ann auf der Reise mit Derek.

»Das müsste dann eine zweite Hochzeitsreise sein«, sagte Rosemary. »Dabei, hast du schon mal davon gehört, dass jemand auf die dritte Hochzeitsreise geht? Oder die achtzehnte?«

Es war alles in Ordnung, alle waren am richtigen Platz.

Karin hatte ein Gefühl, als könnte sie es gewesen sein, die das herbeigeführt hatte, durch eine übermächtige Anstrengung. Sie wusste, sie müsste Genugtuung empfinden. Sie empfand auch Genugtuung. Aber in gewisser Weise kam ihr alles unwichtig vor. Als wären Ann und Derek und vielleicht sogar auch Rosemary hinter einer Hecke, die viel zu dicht und stachelig war, um hindurchzuklettern.

»Ich bin ja hier«, sagte Rosemary. »Ich bin die ganze Zeit über hier gewesen. Aber sie erlauben mir nicht, dich zu berühren.«

Sie sagte das, als bräche dieses Verbot ihr das Herz.

Hin und wieder sagt sie das immer noch.

»Woran ich mich am lebhaftesten erinnere, ist, dass ich dich nicht berühren durfte und nicht wusste, ob du das verstehst.«

Karin sagt, ja, sie habe es verstanden. Was sie lieber nicht sagt, ist, dass ihr Rosemarys Leid damals absurd vorkam. Als beklagte sie sich darüber, mit der Hand nicht über einen Kontinent hinweg langen zu können. Denn zu dem, empfand Karin, war sie geworden – zu etwas Ungeheurem und Leuchtendem und Selbstgenügsamem, das an manchen Stellen schmerzhaft aufragte und sich sonst in öden Ebenen weithin erstreckte. Ganz fern am Rand davon war Rosemary, und Karin konnte sie jederzeit in ein Muster aus lärmenden schwarzen Punkten verwandeln. Und sie selbst – Karin – konnte sich schier unbegrenzt ausdehnen und gleichzeitig in der Mitte der Endlosigkeit zu einem Kügelchen zusammenziehen, so säuberlich wie eine Glasperle oder ein Marienkäfer.

Natürlich erholte sie sich davon und wurde wieder zu einer Karin. Alle dachten, sie wäre bis auf ihre Haut ganz die alte. Niemand merkte, wie sehr sie sich verändert hatte und wie selbstverständlich es ihr vorkam, vereinzelt zu sein, höflich und geschickt durchs Leben zu gehen. Niemand merkte, welch ein festes, siegreiches Gefühl es ihr manchmal bereitete, sich bewusst zu machen, wie sehr sie auf sich allein gestellt war.

Vor dem Wandel

Lieber R. Ich habe mir mit meinem Vater die Diskussion zwischen Kennedy und Nixon angesehen. Seit du zuletzt hier warst, hat er einen Fernsehapparat. Kleiner Bildschirm und Kaninchenohren. Er steht vor dem Büfett im Esszimmer, so dass es nicht mehr leicht ist, ans gute Silber oder die Tischwäsche heranzukommen, selbst wenn jemand das wollte. Warum im Esszimmer, wo es keinen einzigen bequemen Sessel gibt? Weil sie schon lange nicht mehr wissen, dass sie ein Wohnzimmer haben. Oder weil Mrs. Barrie beim Abendessen fernsehen will.

Erinnerst du dich an dieses Zimmer? Außer dem Fernseher nichts Neues darin. Schwere Übergardinen mit weinrotem Laub auf hellbraunem Grund, dazwischen die Stores. Ein Bild von Sir Galahad, der sein Pferd am Zügel führt, und ein Bild von Glencoe mit Rothirschen statt des Schlachtgetümmels. Der alte Aktenschrank, vor Jahren aus der Praxis meines Vaters hier herein geräumt, aber immer noch ohne eigenen Platz, also steht er einfach da, nicht mal an die Wand geschoben. Und die Nähmaschine meiner Mutter unter ihrer hölzernen Haube (meine Mutter erwähnt er nur, wenn er sagt »die Nähmaschine deiner Mutter«), mit der immer gleichen oder scheinbar immer gleichen Anordnung von Grünpflanzen, in Tontöpfen oder Blechdosen, die nicht gedeihen und nicht sterben.

Also bin ich jetzt zu Hause. Niemand hat die Frage angeschnitten, für wie lange. Ich habe einfach alle meine Bücher und Papiere und Kleider in den Mini gestopft und bin in einem Tag von Ottawa hierher gefahren. Ich hatte meinem Vater am Telefon gesagt, dass ich mit meiner Diplomarbeit fertig war (in Wirklichkeit habe ich sie aufgegeben, aber das habe ich ihm lieber nicht gesagt) und dass meine Nerven etwas Ruhe brauchten.

»Nerven?«, sagte er, als hätte er von so etwas noch nie gehört. »Na ja. Solange es kein Zusammenbruch ist.«

Ich fragte: »Kein was?«

»Nervenzusammenbruch«, sagte er mit meckerndem, warnendem Lachen. Diesen Ausdruck benutzt er immer noch für Panikattacken und Angstzustände und Depressionen und allgemeine Erschöpfung. Wahrscheinlich sagt er seinen Patienten, sie sollen die Ohren steif halten.

Unfair. Wahrscheinlich schickt er sie mit einer

Packung benebelnder Tabletten und ein paar dürren freundlichen Worten weg. Die Unzulänglichkeiten fremder Menschen kann er leichter ertragen als meine.

Es gab keinen herzlichen Empfang, als ich hier ankam, aber auch keine Empörung. Er ging um den Mini herum und grummelte über das, was er sah, und trat mit dem Fuß gegen die Reifen.

»Erstaunlich, dass du's bis hierher geschafft hast«, sagte er.

Ich dachte daran, ihn zu umarmen – mehr Auftrumpfen als eine Aufwallung von Zuneigung, mehr Somacheichdasjetzt. Aber sobald meine Schuhe den Kies berührten, wusste ich, ich konnte es nicht. Mrs. B. stand auf halbem Wege zwischen der Auffahrt und der Küchentür. Also ging ich und schloss stattdessen sie in die Arme und vergrub das Gesicht in den pechschwarzen Haaren der absurden Bubikopffrisur, die ihr kleines, verhutzeltes Gesicht umrahmt. Ich roch ihre muffige Strickjacke und die Putzmittel auf ihrer Schürze und spürte ihre alten Zahnstocherknochen. Sie reicht mir kaum bis zum Schlüsselbein.

Flatterig sagte ich: »Was für ein schöner Tag, und was für eine wunderschöne Fahrt es war.« Was beides stimmte. Das Laub der Bäume war noch nicht braun, erst an den Rändern angerostet, und die Stoppelfelder glänzten golden. Aber warum verblassen diese Wohltaten der Landschaft in der Gegenwart meines Vaters und auf seinem Hoheitsgebiet (und vergiss nicht Mrs. Barries Gegenwart und ihr Hoheitsgebiet)? Warum scheint deren Erwähnung – und noch dazu eine aufrichtig gemeinte und nicht nur so dahingesagte – nahezu in dieselbe Kategorie zu gehören wie meine Umarmung von Mrs. B.? Eine Dreistigkeit das eine und verstiegene Schwärmerei das andere?

Als das Streitgespräch zu Ende war, stand mein Vater auf und stellte den Fernseher ab. Er sieht sich keine Werbung an, es sei denn, Mrs. B. ist da und macht sich dafür stark und sagt, sie möchte den niedlichen Buben sehen, dem die Schneidezähne fehlen, oder das Hühnchen, das den Dingsbums jagt (sie versucht nicht, »Pampasstrauß« zu sagen oder kommt nicht auf das Wort). Dann ist erlaubt, was ihr gefällt, sogar tanzende Cornflakes, und er sagt auch schon mal: »Doch, auf seine Weise ist das gar nicht dumm.« Ich halte das für eine Art Warnung an mich.

Was denkt er über Kennedy und Nixon?

»Ach, das sind nur zwei Amerikaner.«

Ich versuchte, das Gespräch ein wenig anzukurbeln.

»Wie meinst du das?«

Wenn man ihn bittet, auf ein Thema einzugehen, das seiner Meinung nach nicht der Rede wert ist, oder auf eine Behauptung, die für seine Begriffe keiner Beweise bedarf, hat er eine Art, die Oberlippe auf der einen Seite hochzuziehen und zwei große, tabakfleckige Zähne zu zeigen.

»Nur zwei Amerikaner«, sagte er, als wären die Worte beim ersten Mal nicht bei mir angekommen.

Also sitzen wir da, und es herrscht Schweigen, wenn auch nicht Stille, denn wie du dich vielleicht erinnerst, atmet er sehr geräuschvoll. Sein Atem wird durch steinige Gassen und knarrende Pforten hinuntergesogen. Bricht dann in Pfeifen und Gurgeln aus, als steckte in seiner Brust ein anorganischer Apparat. Plastikröhren und bunte Blasen. Es ist verboten, von seinem Atem Notiz zu nehmen, und ich werde mich bald an ihn gewöhnen. Aber er nimmt viel Platz im Zimmer ein. Wie auch er selbst mit seinem harten Kugelbauch, den langen Beinen und seinem Gesichtsausdruck. Was ist das für ein Ausdruck? Es ist, als sei er im Besitz einer Liste sowohl erinnerter als auch vorausgeahnter Vergehen und drohe an, dass sein Geduldsfaden reißen kann, wenn man wissentlich oder auch ahnungslos das Unrechte tut. Ich glaube, viele Väter und Großväter streben diese Miene an – sogar solche, die im Gegensatz zu ihm außerhalb ihres eigenen Hauses keinerlei Autorität besitzen, aber er allein beherrscht sie perfekt und allezeit.

R. Viel für mich zu tun hier und keine Zeit, Trübsal zu blasen – wie man so sagt. Die Wände im Wartezimmer sind rundherum angestoßen, wo Generationen von Patienten die Lehnen ihrer Stühle dagegen gerückt haben. Die Reader's Digests auf dem Tisch lösen sich auf. Die Patientenunterlagen stecken in Pappkartons unter der Untersuchungsliege, und die Papierkörbe – aus Flechtwerk – sind oben ringsherum ausgefranst wie von Ratten angefressen. Und im Haus ist es nicht besser. Risse wie braune Haare im Waschbecken unten und ein beunruhigender Rostfleck in der Toilette. Das wird dir ja auch aufgefallen sein. Es ist zu dumm, aber wohl am meisten erschrecken mich die vielen Gutscheine und Reklamezettel. Sie stecken in Schubladen und klemmen unter Tellerchen oder liegen einfach herum, und die Schlussverkäufe oder Preisnachlässe, für die sie werben, sind Wochen oder Monate oder Jahre her.

Nicht, dass sie abgedankt hätten oder sich keine Mühe gäben. Aber alles ist kompliziert. Sie geben die Wäsche weg, was vernünftiger ist, als sie immer noch von Mrs. B. machen zu lassen, aber dann kann mein Vater sich nicht erinnern, wann sie geliefert wird, und dann gibt es heillose Aufregung, ob noch genug Arztkittel da sind usw. Und Mrs. B. ist fest überzeugt, dass die Wäscherei sie betrügt und sich die Zeit nimmt, die Namensschildchen herauszutrennen und in minderwertige Wäschestücke einzunähen. Also streitet sie mit dem Boten und sagt, er käme hierher absichtlich zuletzt, und das tut er wahrscheinlich auch.

Dann müssen die Regenrinnen gereinigt werden, und der Neffe von Mrs. B. soll kommen und sie sauber machen, aber er hat sich den Rücken verrenkt, also kommt sein Sohn. Aber sein Sohn musste so viele Arbeiten übernehmen, dass er im Verzug ist usw. usw.

Mein Vater redet den Sohn ihres Neffen mit dem Namen des Neffen an. So macht er es mit allen. Er belegt die Geschäfte und Firmen in der Stadt mit den Namen der Vorbesitzer oder sogar der Vorvorbesitzer. Das ist mehr als ein simples Gedächtnisversagen; es ist so etwas wie Arroganz. Er setzt sich über die Notwendigkeit hinweg, sich solche Dinge zu merken. Die Notwendigkeit, Veränderungen wahrzunehmen. Oder andere Menschen.

Ich fragte ihn, welchen Farbton er gern an den Wänden des Wartezimmers hätte. Hellgrün, sagte ich, oder hellgelb? Er fragte: Wer soll sie anstreichen?

»Ich.«

»Ich wusste gar nicht, dass du Maler bist.«

»Ich habe Zimmer, in denen ich gewohnt habe, angestrichen.«

»Das mag schon sein. Aber ich habe sie nicht gesehen. Was willst du mit meinen Patienten machen, solange du streichst?«

»Ich werde es an einem Sonntag machen.«

»Einige von ihnen würden nichts davon halten, wenn sie das erfahren.«

»Soll das ein Witz sein? In unserer heutigen Zeit?«

»Vielleicht ist die Zeit, von der du meinst, es sei unsere, nicht ganz dieselbe. Nicht hier in dieser Gegend.«

Dann sagte ich, ich könnte es nachts machen, aber er sagte, der Geruch am nächsten Tag würde zu vielen Leuten Übelkeit verursachen. Alles, was ich schließlich tun durfte, war, die *Reader's Digests* hinauszuwerfen und stattdessen *Maclean's* und *Chatelaine* und *Time* und *Saturday Night* auslegen. Und dann erwähnte er, dass es Beschwerden gegeben hatte. Die Leute vermissten es, die Witze, die sie aus den *Reader's Digests* in Erinnerung hatten, nachlesen zu können. Und manche mochten die modernen Autoren nicht. Wie Pierre Berton.

»So ein Pech«, sagte ich und konnte nicht glauben, dass meine Stimme zitterte.

Dann nahm ich mir den Aktenschrank im Esszimmer vor. Ich dachte, wahrscheinlich war er voller Akten von Patienten, die längst tot waren, und wenn ich diese Akten ausräumte, konnte ich den Schrank mit den Akten aus den Pappkartons füllen und das ganze Ding wieder in die Praxis stellen, wo es hingehörte.

Mrs. B. sah, was ich machte, und ging und holte meinen Vater. Kein Wort zu mir.

Er sagte: »Wer hat dir gesagt, du kannst darin herumwühlen? Ich nicht.«

R. An den Tagen, an denen du hier warst, war Mrs. B. über Weihnachten bei ihrer Familie. (Sie hat einen Mann, der seit Jahren, so scheint es, an einem Lungenemphysem leidet, und keine Kinder, aber eine Horde von Nichten und Neffen und sonstigen Verwandten.) Ich glaube, du hast sie gar nicht gesehen. Aber sie hat dich gesehen. Gestern sagte sie zu mir: »Wo ist denn dieser Mr. Soundso, wo Sie angeblich mit verlobt waren?« Sie hatte natürlich gesehen, dass ich meinen Ring nicht trug.

»In Toronto, nehme ich an«, sagte ich.

»Ich war letzte Weihnachten da oben bei meiner Nichte, und wir haben Sie mit ihm beim Wasserturm rumspazieren sehen, und was meine Nichte ist, die hat gesagt: ›Möchte mal wissen, wo die beiden hin wollen.‹« Genauso redet sie, und es kommt mir schon ganz normal vor, außer, wenn ich es aufschreibe. Damit sollte wohl angedeutet werden, dass wir auf dem Weg zu einer Parkbank waren, um es miteinander zu treiben, aber es herrschte strenger Frost, falls du dich erinnerst, und wir gingen nur spazieren, um aus dem Studentenwohnheim herauszukommen. Nein. Wir gingen nach draußen, damit wir unseren Streit fortsetzen konnten, der sich nur für kurze Zeit ersticken ließ.

Mrs. B. fing ungefähr zur selben Zeit an, für meinen Vater zu arbeiten, als ich ins Internat kam. Davor hatten wir einige junge Frauen gehabt, die ich mochte, aber sie hörten auf, um zu heiraten oder in der Kriegsindustrie zu arbeiten. Als ich neun oder zehn Jahre alt war und einige meiner Schulfreundinnen zu Hause besucht hatte, sagte ich zu meinem Vater: »Warum muss unser Mädchen mit uns am Tisch essen? Bei anderen Leuten isst das Mädchen auch nicht mit am Tisch.«

Mein Vater sagte: »Du sagst Mrs. Barrie zu Mrs. Barrie. Und wenn du nicht an einem Tisch mit ihr essen magst, kannst du gehen und im Holzschuppen essen.«

Dann gewöhnte ich mir an, sie zu umlagern und zum Reden zu bringen. Oft gelang es mir nicht. Aber wenn, dann konnte es sich lohnen. Ich hatte in der Schule großen Erfolg damit, sie nachzuahmen.

(Ich) Ihr Haar ist aber wirklich schwarz, Mrs. Barrie.

(Mrs. B.) Das ist so bei uns in der Familie. Alle rabenschwarzes Haar, und es wird nie grau. Von Mutters Seite. Bleibt noch im Sarg schwarz. Als mein Opa starb, haben sie ihn im Winter in der Halle vom Friedhof liegen lassen, solange der Boden gefroren war, und im Frühling wollten sie ihn unter die Erde bringen, und einer von uns sagt: »Kucken wir mal nach, wie er sich durch den Winter gehalten hat.« Also ließen wir den Deckel öffnen, und da lag er und sah prima aus, das Gesicht nicht eingefallen oder was, und sein Haar war schwarz. Rabenschwarz.

Ich beherrschte sogar ihr kurzes Lachen, das sie immer von sich gibt, ein kurzes Auflachen oder Bellen, nicht um anzuzeigen, dass etwas komisch ist, sondern als eine Art Hervorhebung.

Als ich dich kennenlernte, war ich es inzwischen leid, sie nachzumachen.

Nachdem Mrs. B. mir alles über ihr Haar erzählt hatte, begegnete ich ihr eines Tages, als sie aus dem oberen Badezimmer kam. Sie musste sich sputen, um das Telefon zu erreichen, das ich nicht abnehmen durfte. Ihr Haar war in ein Handtuch eingewickelt, und ein dunkles Rinnsal lief ihr über die Wange. Ein dunkles, purpurrotes Rinnsal, und mein erster Gedanke war, dass sie blutete.

Als könnte ihr Blut eigentümlich und dunkel von der Bösartigkeit sein, die manchmal in ihrem Wesen zu liegen schien.

»Ihr Kopf blutet«, sagte ich, und sie sagte: »Ach, geh mir aus dem Weg«, und drängte an mir vorbei zum Telefon. Ich ging weiter ins Badezimmer und sah im Waschbecken purpurrote Streifen und auf dem Bord das Haarfärbemittel. Kein Wort wurde darüber gesprochen, und sie redete weiter davon, dass alle in der Familie ihrer Mutter im Sarg schwarzes Haar hatten, und sie eines Tages auch.

Mein Vater hatte in jenen Jahren eine merkwürdige Art, mich wahrzunehmen. So konnte es geschehen,

dass er durch ein Zimmer ging, in dem ich mich auf-
hielt, und dann sagte er, als hätte er mich gar nicht
gesehen:

»Das Schlimmste ist an Henry King,
Er kaut an einem Eisenring –«

Und manchmal redete er mich mit dramatischer,
knurrender Stimme an.

»Hallo, kleines Mädchen. Möchtest du einen Bon-
bon haben?«

Ich hatte gelernt, mit bettelnder Kleinkinderstim-
me zu antworten: »O ja, mein Herr.«

»Tjaaa.« Übertriebenes Dehnen des a. »Tjaaa. Du
kannst keinen bekommen.«

Und:

»›Leberecht Ratschlag, geboren am Montag‹.«
Dann zeigte er mit dem Finger auf mich, damit ich
fortfuhr.

»›Getauft am Dienstag‹.«

»›Verheiratet am Mittwoch‹.«

»›Krank am Donnerstag‹.«

»›Kränker am Freitag‹.«

»›Gestorben am Samstag‹.«

»›Begraben am Sonntag‹.«

Dann beide zusammen, donnernd: »Und das war
das Ende von Leberecht Ratschlag!‹.«

Nie eine Einleitung, kein Kommentar, wenn diese

210

Reime zu Ende waren. Zum Scherz nannte ich ihn Leberecht Ratschlag. Beim vierten oder fünften Mal sagte er: »Das reicht. So heiße ich nicht. Ich bin dein Vater.«

Danach sagten wir den Reim wahrscheinlich nicht mehr auf.

Als ich dir zum ersten Mal auf dem Campus begegnet bin und du allein warst und ich allein war, hast du ein Gesicht gemacht, als erinnertest du dich an mich, wärst dir aber nicht sicher, ob du es zugeben solltest. Du warst gerade für unseren erkrankten Dozenten eingesprungen und hattest das Seminar über logischen Positivismus abhalten müssen. Du hattest dich darüber lustig gemacht, wie komisch es wäre, dafür jemanden vom Theologischen College zu holen.

Du schienst zu zögern, ob du hallo sagen solltest, also sagte ich: »Der frühere König von Frankreich ist kahl.«

Das war das Beispiel, das du uns gegeben hattest, für eine Feststellung, die sinnlos ist, weil ihr Gegenstand nicht existiert. Aber du hast mir einen entgeisterten und verängstigten Blick zugeworfen, den du sofort mit einem förmlichen Lächeln ummäntelt hast. Was hast du von mir gedacht?

Eine kleine Klugscheißerin.

R. Mein Bauch ist immer noch ein wenig aufgetrieben. Es sind keine Streifen auf der Bauchdecke, aber ich kann sie immer noch mit den Händen packen. Sonst geht es mir gut, ich wiege wieder so viel wie früher oder ein bisschen weniger. Ich finde aber, ich sehe älter aus. Ich finde, ich sehe älter als vierundzwanzig aus. Meine Haare sind immer noch lang und unmodern, sie sehen grässlich aus. Ist das zum Gedenken an dich, weil du nie wolltest, dass ich sie kurz schneide? Ich weiß es nicht.

Jedenfalls habe ich angefangen, lange Spaziergänge zu machen, um Bewegung zu haben. Früher bin ich im Sommer immer auf eigene Faust losgezogen, wohin ich wollte. Ich hatte keine Ahnung, dass es Verhaltensregeln geben könnte oder unterschiedliche Gesellschaftsschichten. Das kam vielleicht, weil ich nie hier in der Stadt zur Schule gegangen bin oder weil unser Haus so weit außerhalb liegt, am Ende der langen Straße. Weil ich nicht richtig dazugehörte. Ich ging zu den Pferdeställen bei der Rennbahn, wo die Männer Pferdebesitzer oder bezahlte Pferdetrainer und die anderen Kinder Jungen waren. Ich wusste ihre Namen nicht, aber sie alle wussten meinen. Sie mussten mich, mit anderen Worten, wegen meines Vaters unter sich dulden. Wir durften den Pferden Futter einschütten und hinter ihnen ausmisten. Für mich war das ein Abenteuer. Ich trug eine alte Golfkappe meines Vaters und ausgebeulte Shorts. Wir kletterten immer aufs Dach, und die Jungen rauften untereinander und versuchten, sich gegenseitig hinunterzustoßen, aber mich ließen sie in Ruhe. Die Männer riefen uns in regelmäßigen Abständen zu, wir sollten verschwinden. Zu mir sagten sie: »Weiß dein Vater, dass du hier bist?« Dann fingen die Jungen an, einander zu necken, und der Geneckte tat, als müsste er kotzen, und ich wusste, es ging um mich. Also ging ich nicht mehr hin. Ich gab die Vorstellung auf, das Mädchen aus dem Goldenen Westen zu sein. Ich ging hinunter zu den Docks und betrachtete die Frachtschiffe, aber ich glaube, ich träumte nicht davon, als Matrose angeheuert zu werden. Ich machte auch niemandem vor, mehr als bloß ein Mädchen zu sein. Ein Mann beugte sich über die Reling und brüllte zu mir herunter:

»He. Hast du schon Haare unten?«

Beinahe hätte ich »Wie bitte?« gesagt. Es war für mich weniger eine Einschüchterung oder eine Demütigung, sondern eher ein Rätsel. Dass ein erwachsener Mann mit wichtigen Aufgaben sich für das kümmerliche, juckende Wachstum zwischen meinen Beinen interessierte. Davon angewidert war, wie seine Stimme deutlich zu erkennen gab.

Die Pferdeställe sind abgerissen worden. Die Straße hinunter zum Hafen ist nicht mehr so steil. Es gibt ein neues Getreidesilo. Und neue Vororte, die sich überall befinden könnten, was genau das ist, was allen daran gefällt. Niemand geht jetzt zu Fuß; alle fahren Auto. Die Vororte haben keine Bürgersteige, und die Bürgersteige in den alten Nebenstraßen sind unbenutzt und rissig und vom Frost aufgeworfen und verschwinden unter Erde und Gras. Der lange Sandweg unter den Kiefern entlang unserer Straße verliert sich jetzt unter Verwehungen aus Kiefernnadeln und verkrüppelten Schösslingen und wilden Himbeerranken. Die Menschen sind jahrzehntelang diesen Weg entlanggegangen, um den Doktor aufzusuchen. Aus der Stadt heraus auf einem kurzen Stück Gehweg neben der Landstraße (der einzige andere Gehweg führte zum Friedhof), und dann zwischen der Doppelreihe der Kiefern auf jener Seite der Straße. Weil seit Ende des vorigen Jahrhunderts in diesem Haus ein Arzt gewohnt hat.

Alle Sorten lärmender, schmuddeliger Patienten, Kinder und Mütter und alte Leute, den ganzen Nachmittag über, und leisere Patientinnen, die einzeln am Abend kamen. Ich hockte immer draußen, wo ein Birnbaum von einem Dickicht aus Fliedersträuchern umschlossen stand, und ich spionierte ihnen nach, weil kleine Mädchen gerne spionieren. Das Dickicht ist jetzt völlig verschwunden, abgeholzt, um es dem Sohn des Neffen von Mrs. B. auf dem Motormäher leichter zu machen. Ich spionierte den Damen nach, die sich zu jener Zeit für einen Besuch beim Doktor fein machten. Ich erinnere mich an die Mode gleich nach dem Krieg. Lange, weite Röcke und breite Gürtel und Blusen mit Puffärmeln und manchmal kurze weiße Handschuhe, denn im Sommer wurden damals Handschuhe getragen, und nicht nur in der Kirche, Hüte ebenfalls nicht nur in der Kirche. Pastellfarbene Strohhüte, die das Gesicht umrahmten. Ein Kleid mit leichten Sommervolants, eine Falbel auf den Schultern wie ein kleines Cape, eine Schärpe wie ein breites Band um die Taille. Die Cape-Falbel konnte hochgeweht werden, und die Dame hob die Hand in einem durchbrochenen Handschuh, um sie aus dem Gesicht zu streifen. Diese Geste war für mich wie ein Symbol unerreichbaren weiblichen Liebreizes. Der Hauch von spinnwebfeinem Gewebe an dem perfekten Samtmund. Vielleicht fühlte ich mich so, weil ich keine Mutter hatte. Aber ich kannte kein Mädchen, das eine Mutter hatte, die so aussah wie diese Damen. Ich kauerte unter den Büschen, aß die fleckigen gelben Birnen und himmelte an.

Eine unserer Lehrerinnen hatte mit uns alte Volksballaden wie »Patrick Spens« und »Die beiden Corbies« gelesen, und in der Schule hatte das große Balladenschmieden eingesetzt.

Ich suche überall nach ihr
Im stillen Kämmerlein,
Wo ist die Rolle Klopapier
Für meine große Pein …

Balladen drängelten uns zu Reimen, bevor wir darüber nachdenken konnten, was das alles bedeutete. Also dichtete ich drauf los mit dem Mund voller Birnenbrei.

> Ein Mädchen geht zur Stadt hinaus
> Und schaut keinmal zurück.
> Der Vater trieb sie aus dem Haus,
> Vielleicht war das ihr Glück …

Wenn die Wespen mir zu lästig wurden, ging ich ins Haus. Mrs. Barrie saß für gewöhnlich in der Küche, rauchte eine Zigarette und hörte Radio, bis mein Vater sie rief. Sie blieb, bis die letzte Patientin gegangen und die Praxis aufgeräumt war. Wenn ein Schmerzensschrei aus der Praxis drang, lachte sie kurz auf und sagte: »Ja, brüll du nur.« Ich bemühte mich gar nicht erst, ihr die Kleidung oder das Aussehen der Frauen, die ich gesehen hatte, zu beschreiben, weil ich wusste, sie würde niemals jemanden dafür bewundern, schön oder gut gekleidet zu sein. Ebenso wenig, wie sie jemanden dafür bewunderte, etwas zu können, was man nicht zu können brauchte, wie eine Fremdsprache. Gute Kartenspieler bewunderte sie und schnelle Strickerinnen – und das war auch schon alles. Es gab viele Menschen, mit denen sie nichts anfangen konnte. Mein Vater sagte das auch. Mit dem und dem kann ich nichts anfangen. Ich hätte gern gefragt: Was wollt ihr denn mit ihnen anfangen, wenn ihr könntet? Aber ich wusste, sie würden es mir nicht sagen. Stattdessen würden sie sagen, ich sollte nicht so frech sein.

> Des Onkels Neffe aß gern Dreck
> Und suhlte sich im Schmutz.
> Der Onkel kriegte einen Schreck
> Und haute auf den Putz …

Falls ich beschließe, dir das alles zu schicken, wohin soll ich es dann schicken? Wenn ich daran denke, die vollständige Adresse auf den Briefumschlag zu schreiben, bin ich wie gelähmt. Es tut zu weh, mir vorzustellen, dass du in denselben Räumen bist und dass dein Leben in derselben Weise weitergeht, nur ohne mich. Aber mir vorzustellen, dass du nicht dort bist, dass du woanders bist und ich nicht weiß, wo, ist noch schlimmer.

Lieber R., lieber Robin, wieso meinst du, ich hätte es nicht gewusst? Es war die ganze Zeit über direkt vor meinen Augen. Wenn ich hier zur Schule gegangen wäre, hätte ich es bestimmt gewusst. Wenn ich Freundinnen gehabt hätte. Ausgeschlossen, dass eins der Mädchen aus der High School, eins der älteren Mädchen nicht dafür gesorgt hätte, dass ich es erfuhr.

Aber auch so hatte ich in den Ferien viel Zeit. Wenn ich mich nicht allein in der Stadt herumgedrückt und Verse geschmiedet hätte, wenn ich nicht so mit mir selbst beschäftigt gewesen wäre, hätte ich dahinterkommen können. Wenn ich es mir überlege, wusste ich, dass einige jener abendlichen Patientinnen, jener Damen, mit dem Zug kamen. Ich brachte sie und ihre schönen Kleider mit dem Abendzug in Verbindung. Und es gab einen Nachtzug, mit dem sie wieder weggefahren sein müssen. Natürlich hätten sie sich ebenso gut von einem Auto am Ende der Straße absetzen lassen können.

Und mir wurde erzählt – von Mrs. B., glaube ich, nicht von ihm –, dass sie zu meinem Vater kamen, um sich Vitaminspritzen geben zu lassen. Ich weiß das, weil ich immer dachte, jetzt bekommt sie ihre Spritze, wenn ich eine Frau schreien hörte, und ein bisschen erstaunt war, dass so feine und kultivierte Damen sich wegen eines Nadelstichs so anstellten.

Selbst jetzt habe ich Wochen gebraucht. All die Zeit, um mich an die Gepflogenheiten des Hauses zu gewöhnen, bis ich an einem Punkt angelangt bin, wo mir nicht mehr im Traum einfallen würde, einen Pinsel in die Hand zu nehmen, und wo ich zögere, eine Schublade geradezurücken oder eine alte Quittung wegzuwerfen, ohne Mrs. B. zu befragen (die sich sowieso nie entscheiden kann). Ich habe es sogar aufgegeben, sie zu Filterkaffee zu bekehren. (Sie bevorzugen Pulverkaffee, weil er immer gleich schmeckt.)

Mein Vater legte einen Scheck neben meinen Teller. Beim Mittagessen heute, am Sonntag. Sonntags ist Mrs. Barrie nie hier. Wir nehmen einen kalten Imbiss ein, den ich vorbereite, aus aufgeschnittenem Fleisch und Brot und Tomaten und sauren Gurken und Käse, wenn mein Vater aus der Kirche kommt. Er fordert mich nie auf, ihn in die Kirche zu begleiten – wahrscheinlich denkt er, das würde mir nur Gelegenheit bieten, Ansichten zu äußern, die er nicht hören will.

Einen Scheck über fünftausend Dollar.

»Das ist für dich«, sagte er. »Damit du etwas hast. Du kannst es auf die Bank tragen oder anlegen, wie du magst. Schau mal, wie die Zinsen stehen. Ich bin nicht auf dem Laufenden. Natürlich bekommst du auch das Haus. Zu gegebener Zeit, wie man so sagt.«

Bestechungsgeld? dachte ich. Geld, damit ich mich selbständig mache, damit ich auf Reisen gehe? Geld zur Anzahlung für ein eigenes kleines Haus oder zur Rückkehr an die Universität, damit ich meine akademischen Grade, die er als brotlose Kunst bezeichnet hat, um einen weiteren vermehre?

Fünftausend Dollar, um mich loszuwerden.

Ich bedankte mich bei ihm, und mehr oder weniger um des Gesprächs willen fragte ich ihn, was er mit seinem Geld machte. Er sagte, das tue nichts zur Sache.

»Frag Billy Snyder, wenn du Rat brauchst.« Dann

fiel ihm ein, dass Billy Snyder nicht mehr als Wirtschaftsprüfer arbeitete; er war in Ruhestand gegangen.

»Es gibt da jetzt einen Neuen mit einem komischen Namen«, sagte er. »So ähnlich wie Ypsilanti, aber eben nicht Ypsilanti.«

»Ypsilanti ist eine Stadt in Michigan«, sagte ich.

»Es ist eine Stadt in Michigan, aber davor war es der Name eines Mannes«, sagte mein Vater, offenbar der Name eines griechischen Freiheitshelden, der zu Beginn des 19. Jahrhunderts gegen die Türken kämpfte.

Ich sagte: »Ach, in Byrons Krieg.«

»Byrons Krieg?«, sagte mein Vater. »Wie kommst du auf diese Bezeichnung? Byron hat in keinem Krieg gekämpft. Er ist an Typhus gestorben. Kaum ist er tot, ist er der große Held, für die Griechen gestorben und so weiter.« Er sagte das streitlustig, als hätte ich zu denen gehört, die für diese Fehler verantwortlich waren, für dieses ganze Tamtam um Byron. Aber dann beruhigte er sich und erzählte mir oder sich selbst den Verlauf des Krieges gegen das Osmanische Reich. Er sprach von der Pforte, und ich wollte sagen, ich hätte nie genau gewusst, war das nun ein ganz reales Tor, oder war es Konstantinopel oder der Sultanspalast? Aber es ist immer das Beste, ihn nicht zu unterbrechen. Wenn er anfängt, so zu reden, dann ist das wie ein Waffenstillstand oder eine Atempause in einem Partisanenkampf ohne Kriegserklärung. Ich saß mit dem Gesicht zum Fenster und sah durch die Stores die gelbbraunen Laubhaufen im kräftigen, satten Sonnenlicht (vielleicht das Letzte, das wir für einige Zeit zu Gesicht bekommen werden, nach dem Geräusch des Windes heute Abend zu urteilen), und das rief mir meine Erleichterung, meine geheime Freude als Kind in Erinnerung, wenn ich ihn durch eine Frage oder durch Zufall dazu gebracht hatte, solche Reden zu schwingen.

Erdbeben zum Beispiel. Sie entstehen an den vulkanischen Verwerfungen, aber eines der stärksten Erdbeben ereignete sich mitten auf unserem Kontinent in New Madrid in Missouri im Jahre 1811. Das weiß ich von ihm. Grabenbrüche. Instabilität, für die es auf der Erdoberfläche keine Anzeichen gibt. Höhlen, die sich im Kalkstein gebildet haben, unterirdisches Wasser, Berge, die im Laufe der Zeit zu Schutt abgetragen werden.

Auch Zahlen. Ich fragte ihn einmal nach den Zahlen, und er sagte: Wie jeder Dummkopf weiß, werden sie die arabischen Ziffern genannt. Aber die Griechen hätten auch ein gutes System aufstellen können, fuhr er fort, die Griechen hätten es schaffen können, nur fehlte ihnen der Begriff null.

Der Begriff null. Ich verstaute das in meinem Kopf wie ein Päckchen in einem Regal, um es eines Tages zu öffnen.

Wenn Mrs. B. bei uns war, bestand natürlich keinerlei Hoffnung, ihm so etwas zu entlocken.

Ach was, sagte er dann, iss jetzt.

Als steckte hinter jeder Frage, die ich ihm stellte, ein Hintergedanke, was wohl auch stimmte. Ich legte es darauf an, das Gespräch in gewisse Bahnen zu lenken. Und es war unhöflich, Mrs. B. davon auszuschließen. Es war also ihre Einstellung gegenüber den Ursachen von Erdbeben oder der Geschichte der Zahlen (eine Einstellung nicht nur voller Gleichgültigkeit, sondern auch voller Verachtung), der man sich zu beugen hatte, die maßgeblich war.

Und so gelangen wir wieder zu Mrs. B. Mrs. B. in der Gegenwart.

Ich kam gestern Abend gegen zehn Uhr nach Hause. Ich war auf einer Versammlung der Historischen Gesellschaft gewesen, oder zumindest auf einer Versammlung, die eine zu organisieren versuchte. Fünf Personen erschienen, und zwei davon gingen am Krückstock. Als ich die Küchentür aufmachte, sah ich Mrs. B. im Durchgang zur hinteren Diele – der Diele, die von der Praxis zum Badezimmer und zum vorderen Teil des Hauses führt. Sie hielt eine zugedeckte Schüssel in den Händen. Sie war auf dem Weg ins Badezimmer und hätte weitergehen können, an der Küche vorbei, als ich hereinkam. Ich hätte sie wahrscheinlich gar nicht bemerkt.

Aber sie blieb wie angewurzelt stehen, halb mir zuge-
wandt; sie machte ein bestürztes Gesicht.

O je. Erwischt.

Dann hastete sie davon zur Toilette.

Das war eine Demonstration. Die Überraschung,
die Bestürzung, das Davoneilen. Sogar die Art, wie
sie die Schüssel vor sich hielt, damit sie mir auffiel.
Das alles war Absicht.

Ich hörte das Rumpeln der Stimme meines Vaters,
der in der Praxis mit einer Patientin redete. Ich hatte
sowieso schon in der Praxis Licht brennen sehen, ich
hatte das davor geparkte Auto der Patientin gesehen.
Niemand muss mehr zu Fuß gehen.

Ich zog den Mantel aus und ging hinauf. Wie es
schien, war es mir nur darum zu tun, mich nicht so
zu verhalten, wie Mrs. B. es wollte. *Keine Fragen.
Kein entsetztes Begreifen. Kein Was haben Sie da in
der Schüssel, Mrs. B., was haben Sie und mein Daddy
Schlimmes gemacht?* (Nicht, dass ich ihn je meinen
Daddy nannte.) Ich machte mich sofort daran, in
einer der Bücherkisten zu wühlen, die ich noch nicht
ausgepackt hatte. Ich suchte die Tagebücher von
Anna Jameson. Ich hatte sie der anderen Person unter siebzig versprochen, die auf der Versammlung gewesen war. Einem Mann, der Fotograf ist und etwas
über die Geschichte Kanadas weiß. Er wäre gern Ge-
schichtslehrer geworden, aber sein Stottern hat das
verhindert. Er erzählte mir das in der halben Stunde,

die wir redend auf dem Bürgersteig standen, statt den entschlosseneren Schritt zu tun und Kaffee trinken zu gehen. Als wir uns verabschiedeten, sagte er mir, dass er mich gern zu einem Kaffee eingeladen hätte, aber er musste nach Hause und seine Frau ablösen, weil das Baby eine Kolik hatte.

Ich packte die gesamte Bücherkiste aus, bevor ich mich zufrieden gab. Es war, als betrachtete ich die Überbleibsel eines lange vergangenen Zeitalters. Ich sah sie durch, bis die Patientin fort war und mein Vater Mrs. B. nach Hause gebracht hatte und heraufgekommen und im Badezimmer gewesen und zu Bett gegangen war. Ich schmökerte, bis ich so erschöpft war, dass ich fast auf dem Fußboden einschlief.

Beim Mittagessen heute sagte mein Vater schließlich: »Wem liegt schon was an den Türken? Uralte Geschichte.«

Und ich konnte nicht anders, ich sagte: »Ich glaube, ich weiß, was hier vorgeht.«

Er bäumte sich auf und schnaubte. Das tat er wirklich, wie ein altes Pferd.

»So, glaubst du? Und was weißt du?«

Ich sagte: »Ich klage dich nicht an. Ich verurteile das nicht.«

»Ach, ja?«

»Ich glaube an die Abtreibung«, sagte ich. »Ich finde, sie sollte legal sein.«

»Ich will nicht, dass du dieses Wort in diesem Haus je wieder benutzt«, sagte mein Vater.

»Warum nicht?«

»Weil ich bestimme, welche Wörter in diesem Haus benutzt werden.«

»Du verstehst nicht, was ich sagen will.«

»Ich verstehe, dass du ein loses Mundwerk hast. Ein zu loses Mundwerk und nicht genug Verstand. Zu viel Bildung und nicht genug gesunden Menschenverstand.«

Ich hielt immer noch nicht den Mund. Ich sagte: »Die Leute müssen es doch alle längst wissen.«

»Müssen sie? Es gibt einen Unterschied zwischen Wissen und Gemunkel. Schreib dir das ein für allemal hinter die Ohren.«

Wir haben den Rest des Tages über nicht mehr miteinander gesprochen. Ich bereitete zum Abendessen den üblichen Braten, und wir aßen ihn und sagten kein Wort. Ich glaube, er findet das überhaupt nicht schwierig. Ich bislang auch nicht, weil mir alles so blöde und haarsträubend vorkommt und ich wütend bin, aber ich werde nicht immer in dieser Stimmung bleiben und könnte mich dabei ertappen, dass ich mich entschuldige. (Es wird dich kaum überraschen, das zu hören). Es wird offenbar höchste Zeit, dass ich hier herauskomme.

Der junge Mann gestern Abend erzählte mir, wenn er sich entspannt fühlt, ist sein Stottern praktisch verschwunden. Wenn ich zum Beispiel mit Ihnen rede, sagte er. Ich hätte ihn wahrscheinlich dazu bringen können, sich in mich zu verlieben, bis zu einem gewissen Grade. Ich könnte das einfach zur Abwechslung tun. Das ist das Leben, in das ich hier hineingeraten könnte.

Lieber R. Ich bin noch nicht weg, der Mini war nicht fahrtüchtig. Ich habe ihn in die Werkstatt gebracht. Außerdem ist das Wetter umgeschlagen, der Wind ist in Herbstraserei verfallen, wühlt den See auf und peitscht den Strand. Er hat Mrs. B. vor ihrer Haustür erwischt – der Wind – und sie zu Boden geworfen und ihren Ellbogen zerschmettert. Es ist ihr linker Ellbogen, und sie sagte, sie könnte mit dem rechten Arm arbeiten, aber mein Vater erklärte ihr, es sei ein komplizierter Bruch und sie müsse sich einen Monat lang schonen. Er fragte mich, ob es mir etwas ausmachen würde, meine Abreise zu verschieben. Das waren seine Worte – »deine Abreise zu verschieben«. Er hat nicht gefragt, wohin ich will; er weiß nur von dem Auto.

Ich weiß auch nicht, wohin ich will.

Ich sagte, gut, ich würde bleiben, solange ich mich nützlich machen könnte. Wir sprechen also wieder miteinander; es ist sogar halbwegs gemütlich. Ich bemühe mich, im Haus genau das zu tun, was Mrs. B. tun würde. Keine Versuche einer Neuordnung mehr, keine Diskussionen über Instandsetzung. (Die Regenrinnen sind gemacht worden – als der Verwandte von Mrs. B. kam, war ich erstaunt und dankbar.) Ich greife zu demselben Trick wie Mrs. B., damit die Herdklappe zubleibt, und schiebe einen Hocker davor, auf den ich zwei schwere medizinische Lehrbücher lege. Ich koche das Fleisch und das Gemüse auf ihre Art und denke nie daran, eine Avocado mitzubringen oder eingelegte Artischockenböden oder frischen Knoblauch, obwohl ich sehe, dass es all diese Dinge inzwischen auch hier im Supermarkt zu kaufen gibt. Ich mache den Kaffee mit dem Pulver aus dem Glas. Ich habe mich dazu überwunden, ihn selber zu trinken, um zu probieren, ob ich mich daran gewöhnen konnte, und natürlich konnte ich. Ich mache am Ende jedes Tages die Praxis sauber und kümmere mich um die Wäsche. Der Wäschebote mag mich, weil ich nicht mit ihm schimpfe.

Ich darf ans Telefon gehen, aber wenn es eine Frau ist, die meinen Vater sprechen will und keine Gründe nennt, dann soll ich die Nummer notieren und sagen, dass der Doktor zurückrufen wird. Also halte ich mich daran, aber manchmal legt die Frau einfach auf. Wenn ich meinem Vater das berichte, sagt er: »Die ruft bestimmt noch mal an.«

Es gibt nicht viele dieser Patientinnen – die er die Sonderfälle nennt. Ich weiß nicht – vielleicht eine im Monat. Meistens hat er es mit Halsschmerzen zu tun, mit Verstopfung und vereiterten Ohren und so weiter. Herzstolpern, Nierensteine, Sodbrennen.

R. Heute Abend klopfte er an meine Tür. Er klopfte an, obwohl sie nicht völlig zu war. Ich las gerade. Er fragte – natürlich nicht als Bittsteller, aber doch mit gebührender Höflichkeit –, ob ich ihm in der Praxis behilflich sein könnte.

Der erste Sonderfall, seit Mrs. B. nicht da ist.

Ich fragte ihn, was ich tun solle.

»Eigentlich nur sie ruhig halten«, sagte er. »Sie ist jung und stellt sich noch an. Wasch dir gründlich die Hände, mit der flüssigen Seife im Badezimmer unten.«

Die Patientin lag flach ausgestreckt auf dem Untersuchungstisch unter einem weißen Tuch, das sie von der Taille abwärts bedeckte. Ihr Oberkörper war vollständig bekleidet, mit einer dunkelblauen, zugeknöpften Strickjacke und einer weißen Bluse mit spitzenbesetztem Kragen. Beide schlugen Falten über ihren spitzen Schlüsselbeinen und ihrer nahezu flachen Brust. Ihr Haar war schwarz, straff aus dem Gesicht gezogen, zu einem Zopf geflochten und hochgesteckt. Dieser sittsame und strenge Stil verlängerte ihren Hals und betonte die aristokratische Knochenstruktur ihres weißen Gesichts, so dass sie von weitem für eine Frau von fünfzig gehalten werden konnte. Von nahem sah man, dass sie noch ganz jung war, um die zwanzig. Ihr Faltenrock hing an der Tür. Der Rand eines weißen Höschens zeigte, dass sie es bedachtsam darunter aufgehangen hatte.

Sie fröstelte heftig, obwohl es in der Praxis nicht kalt war.

»So, Madeleine«, sagte mein Vater. »Als Erstes müssen wir Ihre Knie hochkriegen.«

Ich überlegte, ob er sie kannte. Oder ließ er sich von den Frauen nur irgendeinen Namen nennen und benutzte den dann?

»Ruhig«, sagte er. »Ganz ruhig.« Er rückte die Fußhalter zurecht und brachte ihre Füße darin unter. Ihre Beine waren nackt und sahen aus, als hätten sie nie Sonne abbekommen. Sie hatte immer noch ihre flachen Schuhe an.

Ihre Knie zitterten in dieser neuen Stellung so stark, dass sie zusammenschlugen.

»Sie müssen schon still halten«, sagte mein Vater. »Sehen Sie mal, ich kann meine Arbeit nur tun, wenn Sie Ihre tun. Möchten Sie eine Decke haben?«

Zu mir sagte er: »Hol ihr eine Decke. Dort vom untersten Bord.«

Ich legte die Decke über Madeleines Oberkörper. Sie sah mich nicht an. Ihre Zähne klapperten. Sie biss sie fest zusammen.

»Und jetzt rutschen Sie einfach ein Stückchen runter«, sagte mein Vater. Und zu mir: »Halte ihre Knie. Schön weit auseinander. Immer nur ruhig.«

Ich legte meine Hände auf die Knie des Mädchens und schob sie so sanft auseinander, wie ich nur konnte. Die Atemzüge meines Vaters füllten das Zimmer mit ihren unaufhörlichen, unverständlichen Kommentaren. Ich musste Madeleines Knie sehr fest halten, damit sie nicht zusammenschlugen.

»Wo ist die alte Frau?«, fragte sie.

Ich sagte: »Die ist zu Hause. Sie ist gestürzt. Dafür bin ich hier.«

Also war sie schon einmal hier gewesen.

»Die ist grob«, sagte sie.

Ihre Stimme war sachlich, fast ein Knurren, nicht so nervös, wie ich es bei dem Aufruhr in ihrem Körper erwartet hätte.

»Ich hoffe, ich bin nicht so grob«, sagte ich.

Sie antwortete nicht. Mein Vater hielt einen dünnen Stab in der Hand, der wie eine Stricknadel aussah.

»Jetzt kommt der schwere Teil«, sagte er. Er redete in einem Gesprächston, sanfter, als ich es wohl je von ihm gehört hatte. »Und je mehr Sie sich verkrampfen, desto schwerer wird es. Also ganz locker. Ganz ruhig. Braves Mädchen. Braves Mädchen.«

Ich zerbrach mir den Kopf, was ich ihr sagen konnte, um sie zu entspannen oder abzulenken. Ich konnte jetzt sehen, was mein Vater tat. Auf dem Tisch neben ihm war auf einem weißen Tuch eine Reihe von Stäben ausgelegt, alle gleich lang, aber zunehmend dicker. Die würde er benutzen, einen nach dem anderen, um den Gebärmutterhals zu öffnen und zu weiten. Von meinem Standpunkt hinter der Lakenbarriere über den Knien des Mädchens konnte ich die eigentliche, intime Anwendung dieser Instrumente nicht beobachten. Aber ich konnte sie spüren, an den Schmerzwellen, die durch ihren Körper fuhren und stärker waren als die von ihrer Angst ausgelösten Krämpfe und sie sogar ruhiger werden ließen.

Wo kommen Sie her? Wo sind Sie zur Schule gegangen? Was sind Sie von Beruf? (Ich hatte einen Trauring gesehen, aber womöglich trugen sie alle Trauringe.) Mögen Sie Ihren Beruf? Haben Sie Geschwister?

Warum sollte sie darauf antworten wollen, selbst, wenn sie keine Schmerzen hatte?

Sie sog den Atem durch zusammengebissene Zähne ein und starrte mit geweiteten Augen an die Decke.

»Ich weiß«, sagte ich. »Ich weiß.«

»Wir kommen voran«, sagte mein Vater. »Sie sind ein braves Mädchen. Ein braves, ruhiges Mädchen. Dauert nicht mehr lange.«

Ich sagte: »Ich wollte dieses Zimmer frisch streichen, aber ich bin nicht dazu gekommen. Wenn Sie es anstreichen würden, welche Farbe würden Sie wählen?«

»Hoh«, sagte Madeleine. »Hoh.« Ein plötzliches, erschrecktes Ausstoßen des Atems. »Hoh. Hoh.«

»Gelb«, sagte ich. »Ich dachte, ein helles Gelb. Oder ein helles Grün?«

Als wir bei dem dicksten Stab angelangt waren, hatte Madeleine den Kopf in das flache Kissen zurückgeworfen, ihr langer Hals dehnte sich, ebenso ihr Mund, die Lippen spannten sich weit und fest über den Zähnen.

»Denken Sie an Ihren Lieblingsfilm. Was ist Ihr Lieblingsfilm?«

Eine Krankenschwester sagte das zu mir, gerade als ich die unglaubliche, endlose Hochebene des Schmerzes erreichte und überzeugt war, dass Erleichterung nicht kommen würde, diesmal nicht. Wie konnte es noch Filme auf der Welt geben? Jetzt sagte ich dasselbe zu Madeleine, und ihr Blick streifte mich mit der kalten, abweisenden Miene jemandes, der sieht, dass ein Mensch etwa so unnütz sein kann wie eine stehen gebliebene Uhr.

Ich riskierte es, eins ihrer Knie loszulassen, und berührte ihre Hand. Ich war überrascht, wie schnell und heftig sie meine Hand ergriff und meine Finger drückte. Doch zu etwas nütze.

»Sagen Sie –«, zischte sie durch die Zähne. »Färr. Ssä.«

»So«, sagte mein Vater. »Jetzt sind wir soweit.«
Verse.

Was sollte ich für Verse aufsagen? Ene mene mink mank?

Mir kam in den Sinn, was du immer aufgesagt hast, »Das Lied von Wandersmann Aengus«.

»›Ich ging in einen Haselwald, / Denn Feuer brannt' in meinem Kopf'«
Ich konnte mich nicht erinnern, wie es weiterging. Ich konnte nicht denken. Doch dann kam mir die ganze Strophe in den Sinn.

>»Bin ich auch alt von Wanderschaft
Durch Tälerland und Hügelland,
Will ich doch gehn, bis ich dich find,
Und küssen dir Gesicht und Hand ...«

Stell dir vor, ich habe vor meinem Vater ein Gedicht aufgesagt!

Was sie davon hielt, weiß ich nicht. Sie hatte die Augen geschlossen.

Ich dachte, ich würde Angst haben zu sterben, weil meine Mutter so gestorben war, im Kindbett. Aber sobald ich auf dieser Hochebene angelangt war, wurden Sterben und Weiterleben für mich zu belanglosen Begriffen, wie Lieblingsfilme. Ich war bis zum Zerreißen zerdehnt und überzeugt, dass ich nicht das Geringste tun konnte, um das hinauszupressen, was sich wie ein Riesenei oder wie ein flammender Planet anfühlte und überhaupt nicht wie ein Baby. Es saß fest, und ich saß fest, in Raum und Zeit, die sich bis in alle Ewigkeit erstrecken konnten – es gab keinen Grund, warum ich je hinaus gelangen sollte, und all meine Proteste waren schon zunichte gemacht worden.

»Jetzt brauche ich dich«, sagte mein Vater. »Hier bei mir. Hol die Schüssel.«

Ich hielt dieselbe Schüssel unter, die ich in den Händen von Mrs. Barrie gesehen hatte. Ich hielt sie, während er die Gebärmutter des Mädchens mit einer Art Kochlöffel ausschabte. (Ich meine damit nicht, dass das Instrument ein Kochlöffel war, sondern mich an Küchenutensilien erinnerte.)

Der Unterleib selbst eines schlanken jungen Mädchens kann in diesem wunden Zustand übermäßig groß und fleischig aussehen. An den Tagen nach den Wehen, auf der Entbindungsstation, lagen Frauen schamlos, sogar trotzig da, entblößten ihre brandroten Schnitte oder Risse, ihre schwarz vernähten Wunden und ihre lappigen Schamlippen und kraftlosen Pobacken. Welch ein Anblick.

Aus der Gebärmutter kamen jetzt Klumpen aus Weingelee und Blut, und irgendwo darin der Fötus. Wie das Spielzeugfigürchen in der Cornflakeschachtel oder der Popcorntüte. Eine winzige Plastikpuppe, nicht größer als ein Fingernagel. Ich hielt nicht danach Ausschau. Ich legte den Kopf in den Nacken, fort von dem Geruch warmen Blutes.

»Badezimmer«, sagte mein Vater. »Da ist ein Tuch.« Er meinte das zusammengefaltete Tuch, das neben den blutigen Stäben lag. Ich mochte nicht fragen: »Ins Klo schütten?«, und nahm an, dass er das meinte. Ich trug die Schüssel durch den Flur ins untere Badezimmer, leerte sie ins Toilettenbecken, spülte zweimal, wusch die Schüssel aus und brachte sie zurück. Inzwischen verband mein Vater das Mädchen und gab ihr einige Anweisungen. Das kann er – das macht er gut. Aber sein Gesicht sah schwer aus, erschöpft genug, um von den Knochen abzufallen. Mir kam der Gedanke, dass er mich bei der ganzen Prozedur dabei haben wollte, falls er einen Schwäche-anfall erlitt. Mrs. B. wartete offenbar bis zum Schluss in der Küche, zumindest früher. Vielleicht bleibt sie jetzt die ganze Zeit über bei ihm.

Wenn er zusammengebrochen wäre, ich weiß nicht, was ich getan hätte.

Er tätschelte Madeleines Beine und riet ihr, flach liegen zu bleiben.

»Versuchen Sie in den nächsten Minuten nicht, aufzustehen«, sagte er. »Ist für Ihre Rückfahrt ge-sorgt?«

»Er wollte die ganze Zeit über draußen bleiben«, sagte sie mit schwacher, aber gehässiger Stimme. »Er wollte nirgendwohin fahren.«

Mein Vater zog den Kittel aus und ging ans Fenster des Wartezimmers.

»Na, bitte«, sagte er. »Da ist er.« Er stieß ein kom-pliziertes Stöhnen aus, fragte: »Wo ist der Wäsche-korb?«, dann fiel ihm ein, dass der in dem hellen

Raum stand, in dem er gearbeitet hatte, kam zurück, legte den Kittel hin und sagte zu mir: »Ich wäre dir dankbar, wenn du hier aufräumen würdest.« Aufräumen hieß, die Instrumente sterilisieren und alles aufwischen.

Ich sagte es zu.

»Gut«, sagte er. »Ich sage Ihnen jetzt gute Nacht. Meine Tochter wird Sie hinausbringen, wenn Sie soweit sind.« Ich war etwas überrascht, ihn »meine Tochter« sagen zu hören statt meines Namens. Natürlich hatte ich ihn das schon früher sagen hören. Wenn er mich vorstellen musste, zum Beispiel. Trotzdem war ich überrascht.

Madeleine schwang die Beine vom Tisch, sobald er aus dem Zimmer war. Dann taumelte sie, und ich ging ihr helfen. Sie sagte: »Schon gut, schon gut, bin nur zu schnell vom Tisch runter. Wo habe ich denn meinen Rock? Ich will nicht so rumstehen.«

Ich holte ihren Rock und ihren Schlüpfer vom Türhaken, und sie zog beide sehr zittrig, aber ohne Hilfe an.

Ich sagte: »Sie könnten sich noch etwas ausruhen. Ihr Mann wird warten.«

»Mein Mann arbeitet im Wald oben bei Kenora«, sagte sie. »Ich fahre nächste Woche rauf. Er hat ein Haus, wo ich bleiben kann.

So, irgendwo habe ich meinen Mantel hingelegt«, sagte sie.

Mein Lieblingsfilm – wie du wissen müsstest und woran ich hätte denken können, als die Krankenschwester mich fragte – ist *Wilde Erdbeeren*. Ich erinnere mich an das muffige kleine Kino, in dem wir all diese schwedischen und japanischen und indischen und italienischen Filme gesehen haben, und ich erinnere mich, dass es bis dahin nur Klamaukfilme und Martin und Lewis gezeigt hatte, aber ich kann mich nicht erinnern, wie das Kino heißt. Da du künftige Geistliche in Philosophie unterrichtest, hätte dein Lieblingsfilm *Das siebente Siegel* sein müssen, aber nein. Ich glaube, es war ein japanischer Film, und ich weiß nicht mehr, worum es darin ging. Jedenfalls liefen wir immer nach Hause, wenn wir aus dem Kino kamen, das waren mehrere Kilometer, und wir führten immer leidenschaftliche Gespräche über Liebe und Selbstsucht und Gott und den Glauben und die Verzweiflung. Wenn wir bei meinem Wohnheim ankamen, mussten wir den Mund halten. Wir mussten die Treppen zu meinem Zimmer hinaufschleichen.

Ahhh, sagtest du dankbar und verwundert, wenn du in mich eindrangst.

Ich hätte mich nicht getraut, dich letzte Weihnachten hierher mitzunehmen, wenn wir nicht schon so tief in unseren Streit verstrickt gewesen wären. Vorher hätte ich dich zu sehr beschützen wollen, um dich meinem Vater auszusetzen.

»Robin? Ist das ein Männername?«

Du sagtest, doch, ja, das wäre dein Name.

Er gab vor, ihn noch nie gehört zu haben.

Aber ihr habt euch dann ganz gut verstanden. Ihr führtet eine Debatte über irgend so eine große Kontroverse zwischen verschiedenen Mönchsorden im siebenten Jahrhundert, war es nicht so? Diese Mönche stritten sich darum, wie sie sich die Köpfe scheren sollten.

Eine Bohnenstange mit Krauskopf nannte er dich. Aus seinem Mund fast ein Kompliment.

Als ich ihm am Telefon mitteilte, dass wir doch nicht heiraten würden, sagte er: »Oh, oh. Meinst du, du wirst es je schaffen, einen anderen zu kriegen?«. Wenn ich gegen diese Frage protestiert hätte, hätte er natürlich gesagt, es wäre ein Witz. Und es war ein Witz. Ich habe es nicht geschafft, einen anderen zu kriegen, aber vielleicht war ich auch nicht in der besten Verfassung dafür.

Mrs. Barrie ist wieder da. Nach weniger als drei Wochen, obwohl sie einen Monat pausieren sollte. Aber sie kann nicht so viele Stunden arbeiten wie vorher. Sie braucht so lange, um sich anzuziehen und ihre eigene Hausarbeit zu erledigen, dass sie selten vor zehn Uhr morgens hier eintrifft (gefahren von ihrem Neffen oder dessen Frau).

»Ihr Vater sieht schlecht aus«, war das Erste, was sie zu mir sagte. Ich meine, sie hat recht.

»Vielleicht sollte er eine Weile ausspannen«, sagte ich.

»Zu viele Leute, die was von ihm wollen«, sagte sie.

Der Mini ist aus der Werkstatt zurück, und das Geld ist auf meinem Bankkonto. Ich sollte abreisen. Aber ich denke dumme Sachen. Ich denke, was, wenn wir wieder einen Sonderfall kriegen? Wie kann Mrs. B. ihm helfen? Sie kann mit der linken Hand noch nicht schwer tragen, und sie könnte die Schüssel unmöglich nur mit der rechten Hand halten.

R. Dieser Tag. Dieser Tag nach dem ersten großen Schneefall. Es geschah alles über Nacht, und am Morgen war der Himmel strahlend blau; es war windstill, und die Helligkeit war grotesk. Ich machte einen Morgenspaziergang, unter den Kiefern. Schnee rieselte schnurgerade von ihnen herunter, glitzernd wie das Zeug auf Weihnachtsbäumen oder wie Diamanten. Die Landstraße war schon geräumt worden, und auch unsere Straße, damit mein Vater zum Krankenhaus fahren konnte. Oder damit ich wegfahren konnte, wann immer ich wollte.

Einige Autos kamen vorbei, stadteinwärts oder auswärts, wie an jedem anderen Morgen.

Bevor ich ins Haus zurückging, wollte ich nur mal probieren, ob der Mini ansprang, und er tat es. Auf dem Beifahrersitz sah ich ein Päckchen. Es war eine

Zwei-Pfund-Pralinenschachtel, wie man sie im Drugstore kaufen kann. Mir war rätselhaft, wie sie dahin gekommen war – ich überlegte, ob sie vielleicht ein Geschenk von dem jungen Mann in der Historischen Gesellschaft war. Ein dummer Gedanke. Aber wer sonst?

Ich trat mir draußen vor der Hintertür die Stiefel ab und nahm mir vor, einen Besen hinauszustellen. Die Küche erstrahlte im gleißenden Licht dieses Tages.

Ich meinte zu wissen, was mein Vater sagen würde.

»Naturbetrachtungen getrieben?«

Er saß in Hut und Mantel am Tisch. Sonst war er um diese Zeit schon aus dem Haus, um nach seinen Patienten im Krankenhaus zu sehen.

Er fragte: »Ist die Landstraße schon geräumt? Was ist mit unserer?«

Ich sagte, beide seien geräumt und frei. Er hätte sehen können, dass unsere Straße geräumt war, er hätte nur aus dem Fenster zu schauen brauchen. Ich setzte den Kessel auf und fragte ihn, ob er noch eine Tasse Kaffee trinken wollte, bevor er ging.

»Na schön«, sagte er. »So lange, bis geräumt ist, damit ich raus kann.«

»Was für ein Tag«, sagte ich.

»Ganz schön, solange man sich nicht selbst frei schaufeln muss.«

Ich machte zwei Tassen Pulverkaffee und stellte sie

auf den Tisch. Ich setzte mich, mit dem Gesicht zum Fenster und dem hereinströmenden Licht. Er saß am Ende des Tisches, den Stuhl so gerückt, dass er das Licht im Rücken hatte. Ich konnte seinen Gesichtsausdruck nicht erkennen, aber sein Atem leistete mir wie üblich Gesellschaft.

Ich begann, meinem Vater von mir zu erzählen. Ich hatte mir das überhaupt nicht vorgenommen. Ich hatte ihm etwas über meine Abreise sagen wollen. Ich machte den Mund auf, und es kamen Dinge heraus, die ich gleichermaßen mit Entsetzen und Befriedigung hörte, wie man sich Dinge sagen hört, wenn man betrunken ist.

»Du weißt überhaupt nicht, dass ich ein Kind bekommen habe«, sagte ich. »Am siebzehnten Juli. In Ottawa. Ich musste in letzter Zeit immer denken, welch eine Ironie des Schicksals das war.«

Ich erzählte ihm, dass das Kind sofort adoptiert worden war und ich nicht wusste, ob es ein Junge oder ein Mädchen war. Dass ich darum gebeten hatte, es nicht zu erfahren. Und dass ich darum gebeten hatte, es nicht sehen zu müssen.

»Ich war dann bei Josie«, sagte ich. »Ich habe dir doch von meiner Freundin Josie erzählt. Sie ist jetzt in England, aber zu der Zeit wohnte sie ganz allein im Haus ihrer Eltern. Ihre Eltern waren nach Südafrika versetzt worden. Ein Geschenk des Himmels.«

Ich erzählte ihm, wer der Vater des Kindes war.

Nämlich du, falls er Zweifel hatte. Und dass ich gedacht hatte, da wir schon verlobt wären, sogar richtig offiziell, dass wir nur noch zu heiraten brauchten.

Aber du dachtest anders. Du sagtest, dass wir einen Arzt auftreiben mussten. Einen Arzt für eine Abtreibung.

Er erinnerte mich nicht daran, dass ich dieses Wort in seinem Haus nicht aussprechen durfte.

Ich erzählte ihm, dass du sagtest, wir könnten nicht einfach heiraten, denn jeder, der bis drei zählen konnte, würde wissen, dass ich schon vor der Hochzeit schwanger gewesen war. Wir konnten erst heiraten, wenn ich auf keinen Fall mehr schwanger war.

Sonst konntest du deine Stelle am Theologischen College verlieren.

Sie konnten dich vor einen Ausschuss stellen, der dir attestieren könnte, du seist moralisch ungeeignet. Moralisch ungeeignet für die Aufgabe, junge Geistliche zu unterrichten. Man könnte dir einen schlechten Charakter attestieren. Und selbst angenommen, das würde nicht geschehen, du würdest deine Stellung nicht verlieren, sondern nur eine Abmahnung bekommen oder nicht einmal das, du würdest trotzdem nie befördert werden; du hättest keine reine Weste mehr. Selbst wenn niemand etwas zu dir sagen würde, hätten sie etwas gegen dich in der Hand, und das könntest du nicht ertragen. Die neuen Studenten würden von den älteren über dich erfahren; Witze über dich würden die Runde machen. Deine Kollegen hätte einen Anlass, auf dich herabzusehen. Oder sich verständnisvoll zu geben, was genauso schlimm wäre. Du wärst ein Mann, den man im Stillen oder nicht ganz so Stillen verachten würde, und ein Versager.

Gewiss nicht, sagte ich.

O doch. Unterschätze nie die Gemeinheit in den Seelen der Menschen. Und für mich wäre es auch verheerend. Die Ehefrauen hätten sehr viel Einfluss, die Ehefrauen der älteren Professoren. Sie würden es mich nie vergessen lassen. Auch, wenn sie freundlich wären – besonders, wenn sie freundlich wären.

Aber wir könnten einfach unsere Sachen packen und woanders hingehen, sagte ich. Wo niemand davon wissen würde.

Sie würden es wissen. Es gibt immer jemanden, der dafür sorgt, dass sie es erfahren.

Außerdem würde das bedeuten, dass du wieder ganz unten anfangen müsstest. Mit einem niedrigeren Gehalt, einem kläglichen Gehalt, und wie sollten wir dann mit einem Kind davon leben?

Ich war erstaunt über diese Argumente, die mit dem Menschen, den ich geliebt hatte, nicht in Einklang zu stehen schienen. Mit den Büchern, die wir gelesen, den Filmen, die wir gesehen hatten, mit den Dingen, über die wir geredet hatten – ich fragte, ob dir das nichts bedeutete. Du sagtest, doch, aber das hier sei das Leben. Ich fragte, ob du jemand wärst, der den Gedanken, ausgelacht zu werden, nicht ertragen könnte, der vor einem Kränzchen Professorengattinnen den Schwanz einzöge.

Du sagtest: Darum geht es nicht, darum geht es überhaupt nicht.

Ich warf meinen Diamantring fort, und er rollte unter ein parkendes Auto. Während wir uns stritten, gingen wir durch eine Straße in der Nähe meines Wohnheims. Es war Winter, wie jetzt. Januar oder Februar. Aber die Schlacht zog sich danach noch hin. Ich sollte mich nach einer Abtreibung erkundigen, bei einer Freundin, die eine Freundin hatte, von der gemunkelt wurde, sie hätte abgetrieben. Ich gab nach; ich sagte, ich würde es tun. Du konntest nicht einmal riskieren, dich umzuhören. Aber dann log ich, sagte, der Arzt wäre weggezogen. Dann gab ich zu, gelogen zu haben. Ich kann es nicht tun, sagte ich.

Aber war das wegen des Kindes? Oh, nein. Es war, weil ich überzeugt war, in diesem Streit Recht zu haben.

In mir war Verachtung. In mir war nur Verachtung, als ich dich krabbeln sah, um unter das geparkte Auto zu kommen, und die Enden deines Mantels dir um den Hintern hingen. Du wühltest im Schnee, um den Ring zu finden, und du warst so erleichtert, als du ihn gefunden hattest. Du warst drauf und dran, mich zu umarmen und auszulachen, überzeugt, auch ich würde erleichtert sein, und wir würden uns auf der Stelle versöhnen. Ich sagte dir, du würdest in deinem ganzen Leben nie etwas Bewundernswertes tun.

Heuchler, sagte ich. Jammerlappen. Philosophielehrer.

Nicht, dass es damit zu Ende war. Denn wir versöhnten uns tatsächlich. Aber wir verziehen einander nicht. Und wir unternahmen nichts. Und es wurde zu spät, und wir merkten, dass jeder von uns zu viel darin investiert hatte, im Recht zu sein, und wir gingen auseinander, und es war eine Erlösung. Ja, ich bin überzeugt, es war zu der Zeit für uns beide eine Erleichterung und eine Art Sieg.

»Ist das nicht eine Ironie des Schicksals?«, sagte ich zu meinem Vater. »Wenn man's bedenkt?«

Ich hörte, wie Mrs. Barrie sich draußen die Schuhe abtrat, also sagte ich das hastig. Mein Vater hatte die ganze Zeit über reglos dagesessen, starr vor Verlegenheit, wie ich dachte, oder vor tiefem Abscheu.

Mrs. Barrie machte die Tür auf und sagte: »Muss einen Besen rausstellen.« Dann rief sie aus: »Was sitzen Sie da so rum? Was ist los mit Ihnen? Sehen Sie nicht, dass der Mann tot ist?«

Er war nicht tot. Er atmete so geräuschvoll wie immer, eher noch lauter. Was sie gesehen hatte und was ich gesehen hätte, sogar gegen das Licht, wenn ich nicht vermieden hätte, ihn anzusehen, während ich

meine Geschichte erzählte, war, dass er einen schwe-
ren Schlaganfall erlitten hatte. Er saß leicht vorge-
neigt, die Tischkante drückte in die feste Rundung
seines Bauchs. Als wir versuchten, ihm vom Stuhl zu
helfen, schafften wir es nur, ihn anzustoßen, so dass
sein Kopf mit majestätischem Widerstreben auf den
Tisch sank. Sein Hut blieb auf. Und seine Kaffeetasse
blieb, wo sie gestanden hatte, ein paar Zentimeter
neben seinem blinden Auge. Sie war immer noch
halb voll.

Ich sagte, dass wir nichts für ihn tun konnten; er
war zu schwer. Ich ging zum Telefon und rief das
Krankenhaus an, damit einer der anderen Ärzte her-
kam. Es gibt noch keinen Rettungswagen in der
Stadt. Mrs. B. kümmerte sich nicht um das, was ich
sagte, sondern zerrte dauernd an den Sachen meines
Vaters, machte Knöpfe auf und riss am Mantel und
stöhnte und wimmerte vor Anstrengung. Ich rannte
auf die Straße und ließ die Haustür offen. Ich rannte
zurück, holte einen Besen und stellte ihn draußen
neben die Tür. Ich ging und legte die Hand auf
Mrs. B.'s Arm und sagte: »Sie dürfen nicht –« oder so
etwas, und sie sah mich an wie eine fauchende Katze.

Ein Arzt kam. Beide zusammen schafften wir es,
meinen Vater zum Auto zu schleppen und auf die
Rückbank zu setzen. Ich stieg neben ihm ein, um ihn
zu halten, so dass er nicht umfiel. Das Geräusch seines Atems klang herrischer denn je und schien alles

zu kritisieren, was wir taten. Aber das Neue war, dass man ihn jetzt packen und umherschieben und seinen Körper je nach Notwendigkeit bugsieren konnte, und das mutete sehr seltsam an.

Mrs. B. hatte sich zurückgezogen und beruhigt, sobald sie den anderen Arzt sah. Sie folgte uns nicht einmal aus dem Haus, um zu sehen, wie mein Vater ins Auto verfrachtet wurde.

Heute Nachmittag ist er gestorben. Gegen fünf Uhr. Mir wurde gesagt, das sei für alle Beteiligten ein großes Glück.

Ich hatte den Kopf voll von Dingen, die ich noch sagen wollte, als Mrs. Barrie hereinkam. Ich wollte zu meinem Vater sagen: Was, wenn das Gesetz geändert wird? Das Gesetz könnte sich bald ändern, wollte ich sagen. Vielleicht auch nicht, aber möglich wäre es. Dann wäre er seine Arbeit los. Oder einen Teil seiner Arbeit. Würde ihm das viel ausmachen?

Was für eine Antwort konnte ich von ihm erwarten?

Meine Arbeit geht dich nichts an.

Oder: Ich würde immer noch genug verdienen.

Nein, würde ich sagen. Ich meine nicht das Geld. Ich meine das Risiko. Die Heimlichkeit. Die Macht.

Ändere das Gesetz, und du änderst, was ein Mensch tut, was ein Mensch ist?

Oder würde er ein anderes Risiko finden, einen

anderen Knoten, den er in sein Leben knüpfen konnte, einen anderen verborgenen und problematischen Gnadenakt?

Und wenn sich dieses Gesetz ändern kann, dann können sich auch andere Dinge ändern. Ich denke jetzt an dich, dass du dich eines Tages vielleicht nicht schämen müsstest, eine schwangere Frau zu heiraten. Es wäre keine Schande mehr. Versetze dich einige Jahre in die Zukunft, nur ein paar Jahre, und es könnte ein Grund zum Feiern sein. Die schwangere Braut wird bekränzt und zum Altar geführt, sogar in der Kirche vom Theologischen College.

Aber wenn es so käme, gäbe es sicherlich etwas anderes, wofür man sich schämen oder wovor man Angst haben müsste, andere Fehltritte, vor denen man sich zu hüten hätte.

Und was wäre mit mir? Würde ich mir immer ein hohes Ross suchen müssen? Den moralischen Genuss, mich über andere zu erheben, im Recht zu sein, so dass ich noch stolz auf meine Niederlagen bin?

Die Menschen ändern. Wir alle sagen, wir hoffen, dass es möglich ist.

Das Gesetz ändern, die Menschen ändern. Dennoch wollen wir nicht, dass uns alles – die ganze Geschichte von außen diktiert wird. Wir wollen nicht, dass das, was wir sind, alles, was wir sind, auf solche Art bestimmt wird.

Wer ist dieses »wir«, von dem ich rede?

R. Der Rechtsanwalt meines Vaters sagt: »Das ist sehr ungewöhnlich.« Ich merke, für ihn ist das ein sehr starkes, hinreichend deutliches Wort.

Auf dem Bankkonto meines Vaters ist genug Geld für die Bestattungskosten. Genug, um ihn unter die Erde zu bringen, wie man sagt. (Nicht der Rechtsanwalt – er redet nicht so.) Aber viel mehr auch nicht. In seinem Bankschließfach finden sich keine Aktienzertifikate, keine Wertpapiere. Nichts. Kein Legat für das Krankenhaus oder für seine Kirche oder für die High School, um ein Stipendium einzurichten. Und am erschreckendsten, nichts für Mrs. Barrie. Das Haus und alles darin gehört mir. Und mehr ist nicht da. Ich habe meine fünftausend Dollar.

Dem Rechtsanwalt scheint diese Sachlage Sorgen zu bereiten und peinlich, furchtbar peinlich zu sein. Vielleicht denkt er, ich könnte ihn verdächtigen, etwas unterschlagen zu haben, könnte versuchen, seinen guten Namen zu beschmutzen. Er möchte wissen, ob es einen Tresor in meinem (meines Vaters) Haus gibt, irgendein Versteck für eine große Summe Bargeld. Ich sage nein. Er versucht anzudeuten – auf so diskrete und umständliche Art, dass ich anfangs gar nicht weiß, wovon er redet –, dass es für meinen Vater Gründe gegeben haben könnte, die Höhe seiner Einkünfte geheim zu halten. Eine große Summe Bargeld, irgendwo gehortet, ist deshalb durchaus eine Möglichkeit.

Ich sage ihm, dass mir nicht sonderlich viel an dem Geld liegt.

Es kostet ihn Überwindung. Er kann mir kaum in die Augen sehen.

»Vielleicht gehen Sie nach Hause und schauen sich noch einmal genau um«, sagt er. »Lassen Sie nicht die offensichtlichen Stellen außer Acht. Es kann in einer Keksdose stecken. Oder in einer Kiste unter dem Bett. Erstaunlich, worauf manche Leute verfallen. Auch die Vernünftigsten und Intelligentesten.«

»Oder in einem Kissenbezug«, sagt er, als ich zur Tür hinausgehe.

Eine Frau am Telefon will den Doktor sprechen.

»Tut mir leid. Er ist tot.«

»Dr. Strachan. Bin ich bei dem richtigen Arzt?«

»Ja, aber es tut mir leid, er ist tot.«

»Gibt es jemanden – hat er vielleicht einen Partner, mit dem ich sprechen kann? Ist sonst noch jemand da?«

»Nein. Kein Partner.«

»Könnten Sie mir eine andere Telefonnummer geben, die ich anrufen kann? Gibt es denn keinen anderen Arzt, der –«

»Nein. Ich habe keine andere Telefonnummer. Ich weiß von niemandem sonst.«

»Sie müssen wissen, worum es geht. Das ist äußerst wichtig. Es gibt ganz besondere Umstände –«

»Tut mir leid.«

»Geld ist kein Problem.«

»Nein.«

»Bitte überlegen Sie, ob Ihnen jemand einfällt. Falls Ihnen noch jemand einfällt, würden Sie mich dann bitte anrufen? Ich gebe Ihnen meine Telefonnummer.«

»Das sollten Sie lieber nicht tun.«

»Ich habe keine Angst. Ich vertraue Ihnen. Außerdem ist es nicht für mich. Ich weiß, das sagen bestimmt alle, aber es ist wirklich nicht für mich. Es ist für meine Tochter, die in sehr schlechter Verfassung ist. Sie ist seelisch in sehr schlechter Verfassung.«

»Tut mir leid.«

»Wenn Sie wüssten, was ich durchgemacht habe, um an diese Nummer zu kommen, würden Sie versuchen, mir zu helfen.«

»Bedaure.«

»Bitte.«

»Tut mir leid.«

Madeleine war der Letzte seiner Sonderfälle. Ich sah sie auf der Beerdigung. Sie war nicht nach Kenora gefahren. Oder sie war schon wieder zurück. Ich erkannte sie nicht gleich, denn sie trug einen breitkrempigen schwarzen Hut mit horizontaler Feder. Sie musste ihn sich geliehen haben – sie war die Feder nicht gewohnt, die ihr immer wieder über die

Augen fiel. Sie sprach mit mir, als ich auf dem Empfang im Kirchensaal die Beileidsbezeugungen entgegennahm. Ich sagte zu ihr dasselbe wie zu allen anderen.

»Wie schön, das Sie gekommen sind.«

Dann wurde mir erst klar, was sie Merkwürdiges zu mir gesagt hatte.

»Ich hab mich einfach drauf verlassen, dass Sie Süßes mögen.«

»Vielleicht hat er nicht immer ein Honorar genommen«, sage ich zu dem Rechtsanwalt. »Vielleicht hat er manchmal umsonst gearbeitet. Manche Menschen tun Dinge aus Mildtätigkeit.«

Der Rechtsanwalt gewöhnt sich langsam an mich. Er sagt: »Vielleicht.«

»Oder vielleicht wirklich ein Wohltätigkeitsverein«, sage ich. »Ein Wohltätigkeitsverein, den er unterstützt hat, ohne Unterlagen aufzubewahren.«

Der Rechtsanwalt sieht mir in die Augen.

»Ein Wohltätigkeitsverein«, sagt er.

»Also den Kellerfußboden habe ich noch nicht aufgegraben«, sage ich, und er lächelt säuerlich über meinen Unernst.

Mrs. Barrie hat nicht gekündigt. Sie ist einfach nicht mehr erschienen. Es gab nichts Besonderes für sie zu tun, da die Trauerfeier in der Kirche und der Empfang im Kirchensaal stattfand. Sie kam nicht zur Beerdigung. Niemand aus ihrer Familie kam. Es waren so viele Menschen da, dass es mir gar nicht aufgefallen wäre, wenn nicht jemand zu mir gesagt hätte: »Ich habe niemanden aus der Barrie-Sippe gesehen, Sie etwa?«

Ich rief sie einige Tage später an, und sie sagte: »Ich bin nicht in der Kirche gewesen, weil ich war ganz fürchterlich erkältet.«

Ich sagte, deswegen hätte ich nicht angerufen. Ich sagte, ich käme ganz gut zurecht, würde aber gern wissen, was sie für Pläne hätte.

»Ach, ich denke mal, das tut nicht nötig, dass ich noch wiederkomme.«

Ich sagte, sie sollte kommen und sich etwas aus dem Haus holen, ein Andenken. Inzwischen wusste ich, dass kein Geld da war, und wollte ihr sagen, wie leid mir das täte. Aber ich wusste nicht, wie ich das sagen sollte.

Sie sagte: »Ich hab noch was an Sachen da. Ich komm dann raus, sobald ich kann.«

Sie kam am nächsten Morgen. Die Sachen, die sie holen wollte, waren Scheuerlappen und Eimer und Schrubber und ein Wäschekorb. Schwer zu glauben, dass ihr daran lag, solche Gegenstände zurückzubekommen. Und schwer zu glauben, dass sie an diesen Dingen hing, aber vielleicht tat sie es. Es waren Dinge, die sie jahrelang benutzt hatte durch all die

Jahre in diesem Haus, in dem sie mehr von ihrer Lebenszeit zugebracht hatte als in ihrem eigenen.

»Möchten Sie denn sonst nichts weiter?«, fragte ich. »Zum Andenken?«

Sie sah sich in der Küche um und kaute auf ihrer Unterlippe. Vielleicht verbiss sie sich ein Lächeln.

»Also da seh ich nichts, wo ich noch viel mit anfangen kann«, sagte sie.

Ich hatte einen Scheck für sie vorbereitet. Ich musste nur noch den Betrag einsetzen. Ich hatte mich nicht entscheiden können, wie viel von den fünftausend Dollar ich ihr abgeben sollte. Eintausend? Das fand ich schäbig. Ich dachte, besser das Doppelte.

Ich holte den Scheck heraus, den ich in einer Schublade versteckt hatte. Ich fand einen Stift. Ich stellte ihn über viertausend Dollar aus.

»Das ist für Sie«, sagte ich. »Und vielen Dank für alles.«

Sie nahm den Scheck und warf einen Blick darauf und stopfte ihn in die Tasche. Ich dachte, vielleicht hatte sie den Betrag nicht richtig lesen können. Dann sah ich das tiefe Erröten, die Woge der Verlegenheit, die Schwierigkeit, sich dankbar zu zeigen.

Sie schaffte es, alle Dinge, die sie mitnehmen wollte, mit ihrem gesunden Arm davonzuschleppen. Ich hielt ihr die Tür auf. Mir war so sehr daran gelegen, noch etwas von ihr zu hören, dass ich beinahe gesagt hätte: Tut mir leid, dass es nicht mehr ist.

Stattdessen sagte ich: »Ihr Ellbogen ist noch nicht besser?«

»Der wird nie besser«, sagte sie. Sie senkte den Kopf, als hätte sie Angst, wieder einen Kuss von mir zu bekommen. Sie sagte: »Also-dann-schönen-Dank-auch-Wiedersehen.«

Ich sah ihr nach, als sie zum Auto ging. Ich hatte angenommen, dass die Frau ihres Neffen sie herge-bracht hatte.

Aber es war nicht das Auto, das die Frau ihres Nef-fen sonst fuhr. Mir kam der Gedanke, dass Mrs. B. vielleicht einen neuen Arbeitgeber hatte. Ungeachtet des schlimmen Arms. Einen neuen und reichen Ar-beitgeber. Das würde ihre Hast erklären, ihre mürri-sche Verlegenheit.

Es war dann doch die Frau ihres Neffen, die aus-stieg, um beim Einladen zu helfen. Ich winkte, aber sie war zu beschäftigt, die Schrubber und Eimer zu verstauen.

»Phantastisches Auto«, rief ich, denn ich nahm an, dieses Kompliment würde beiden Frauen gefallen. Ich erkannte das Fabrikat nicht, aber der Wagen war nagelneu und riesig und eine Wucht. Lackiert in silb-rigem Lila.

Die Frau des Neffen rief: »O ja«, und Mrs. Barrie senkte zustimmend den Kopf.

Ich fror ohne Mantel, aber meine Verblüffung und das Gefühl, mich entschuldigen zu müssen, hielten mich fest, und so stand ich da und winkte, bis das Auto verschwunden war.

Danach fand ich keine Ruhe, um mich auf etwas einzulassen. Ich machte mir einen Kaffee und setzte mich in die Küche. Ich holte Madeleines Pralinen aus der Schublade und aß eine oder zwei, trotz des chemiegefärbten orangegelben Zuckerzeugs in der Mitte, das mir Süßes eher verleidete. Ich wünschte, ich hätte mich bei ihr bedankt. Denn jetzt war es wohl zu spät – ich wusste ja nicht einmal ihren Familiennamen.

Ich beschloss, Ski zu fahren. Hinter unserem Anwesen befinden sich Kiesgruben, von denen ich dir, glaube ich, erzählt habe. Ich schnallte die alten Holzskier an, die mein Vater früher benutzt hatte, als die Nebenstraßen im Winter noch nicht geräumt wurden und er unter Umständen querfeldein laufen musste, um ein Baby zu holen oder einen Blinddarm herauszunehmen. Die Skier hatten nur Querriemen zum Festbinden der Füße.

Ich lief also zu den Kiesgruben, deren Abhänge sich über die Jahre mit Gras ausgepolstert haben und die jetzt zusätzlich mit Schnee bedeckt waren. Ich fand Hundespuren, Vogelspuren, die schwachen Kreise hüpfender Wühlmäuse, aber keine Spur von Menschen. Ich fuhr hinauf und hinunter, hinauf und hinunter, wählte anfangs eine vorsichtige Diagonale und wagte mich dann an steilere Hänge. Ich fiel ab und zu hin, aber ohne mir auf dem frischen, üppigen Schnee weh zu tun, und zwischen einem Augenblick des Hinfallens und dem nächsten des Aufstehens stellte ich fest, dass ich etwas wusste.

Ich wusste, wo das Geld geblieben war.

Vielleicht ein Wohltätigkeitsverein.

Phantastisches Auto.

Und viertausend von fünftausend Dollar.

Seit diesem Augenblick bin ich glücklich gewesen.

Mir ist das Gefühl geschenkt worden, zuzusehen, wie Geld zum Fenster hinaus oder in die Luft geworfen wird. Geld, Hoffnungen, Liebesbriefe – alle solche Dinge können in die Luft geschleudert werden und kommen verändert herunter, ganz leicht und frei von Zusammenhängen.

Was ich mir nicht vorstellen kann, ist, dass mein Vater sich erpressen ließ. Besonders nicht von Leuten, die weder glaubwürdig, noch raffiniert sind. Nicht, wenn die ganze Stadt auf seiner Seite zu stehen schien, oder zumindest auf der Seite des Schweigens.

Was ich mir jedoch vorstellen kann, ist eine große, bockbeinige Geste. Um Forderungen vorzubeugen vielleicht, oder auch nur, um zu zeigen, dass es ihn nicht kümmerte. Voller Vorfreude auf das Entsetzen des Rechtsanwalts und meine Bemühungen, aus ihm schlau zu werden, jetzt, wo er tot ist.

Nein. Ich glaube nicht, dass er daran gedacht hat. Ich glaube nicht, dass ich in seinen Gedanken so viel Raum eingenommen habe. Nie so viel, wie ich gerne glauben möchte.

Wovor ich zurückgeschreckt bin, ist, dass er es vielleicht aus Liebe getan hat.

Aus Liebe also. Das darf man nie ausschließen.

Ich stieg aus der Kiesgrube, und sobald ich draußen war, traf mich der Wind. Der Wind blies Schnee über die Hundefährten und die feinen Kettenmuster der Wühlmaus und die Spur, die wahrscheinlich die Letzte sein wird, die die Skier meines Vaters hinterlassen.

Lieber R., Robin – was soll ich dir als Letztes sagen?

Lebwohl und viel Glück.

Ich sende dir meine Liebe.

(Was, wenn Menschen das tatsächlich täten – ihre Liebe mit der Post schickten, um sie loszuwerden? Was würden sie da schicken? Eine Schachtel mit Pralinen, die in der Mitte etwas Gelbes haben wie die Dotter von Puteneiern. Eine Lehmpuppe mit leeren Augenhöhlen. Ein Büschel verrottender welker Rosen, die noch ein wenig duften. Ein in blutiges Zeitungspapier gewickeltes Paket, das niemand öffnen möchte.)

Gib auf dich Acht.

Vergiss nicht – der jetzige König von Frankreich ist kahl.

Nachwort

Selbstverständlich habe ich versucht, Freunden von Alice Munro zu erzählen. Der Versuch überhaupt, eine schon geschriebene Geschichte nachzuerzählen, den Handlungsstrang zu finden – worum geht es eigentlich –, den Moment zu benennen, in dem die Geschichte greift, sich bündelt, mich trifft und etwas in mir auslöst, das ich nicht beschreiben kann. *Vor dem Wandel.* Ein kleines Mädchen beobachtet in seinem Versteck in den Fliederbüschen die schönen Damen auf dem Weg zu ihrem Vater, dem Arzt. *Pastellfarbene Strohhüte, die das Gesicht umrahmten. Ein Kleid mit leichten Sommervolants, ein Falbel auf den Schultern wie ein kleines Cape ... die Cape-Falbel konnte hochgeweht werden und die Dame hob die Hand in einem durchbrochenen Handschuh, um sie aus dem Gesicht zu streifen. Diese Geste war für mich wie ein Symbol unerreichbaren weiblichen Liebreizes. Der Hauch von spinnwebfeinem Gewebe an dem perfekten Samtmund ...* Nun sind die Fliederbüsche abgeholzt, um das Grasmähen leichter zu machen, die Damen aus Toronto kamen zur illegalen Abtreibung, wie die Erzählerin jetzt weiß, die ihr eigenes Kind zur Adoption freigab, weil der Kindsvater sie nicht heiraten wollte und der eigene Vater stirbt, als sie ihm zum ersten Mal von sich erzählen will. Eine drastisch geschilderte Abtreibung, bei der sie dem Vater assistiert und ein gegen diesen gerichteter Obsessionsverdacht vollenden und zerbrechen das, was als das Pastell eines unerreichbaren weiblichen Liebreizes entworfen worden war. Die Geschichte erwägt die Möglichkeit eines anderen Verlaufs, kurz, unentschlossen und verwirft sie dann. Nicht selten entfaltet Alice Munro den Beginn einer Liebe als ihr Ende. In *Stinkreich* – die Unattraktivität der Munro'schen Titel wäre eine gesonderte Betrachtung wert – verwebt sie die pubertäre Liebe Karins zu Derek, dem Geliebten der Mutter, mit deren Scheitern in einer Art *ménage a trois* oder *quatre*, wenn man Karin hinzunimmt. Die Mutter wird von ihrem Geliebten verlassen und damit auch die Tochter, der Geliebte kehrt zurück in das sich ebenfalls auflösende Verhältnis zu seiner Frau Ann, bei der Karin bisher die mütterliche Wärme gefunden hat, die die eigene Mutter ihr nicht hat geben können – weniger labyrinthische Beziehungen zwischen Menschen gibt es bei Alice Munro kaum. Aus dem Chaos der Dreiecksbeziehungen der Erwachsenen steigt das Gespenst der Liebe als das alte, marode Hochzeitskleid Anns, in dem Karin sich Derek zeigen will und beinahe verbrennen wird. In *Der Traum meiner Mutter* geht eine junge Mutter in der Familie, in die sie hineingeheiratet hat, unter, die Befreiung, die keine sein wird, ist der somnambule Versuch, ihr neugeborenes Baby zu töten, das mit »Hackebeilschreien« zu verhindern sucht, dass die Mutter nach der fürchterlichen Geburt und der Okkupation des Kindes durch die Schwägerin mit noch immer unförmigen Fingern ihre Übungen zu Mendelssohns Violinkonzert wieder aufnimmt. Eine Mutter-Kind-Apokalypse? Ein Familien-Tragiksatyrspiel, kann man das so nennen? Und eine letzte Geschichte, *Die Kinder bleiben hier*, in der eine Frau ihren Mann und ihre kleinen Kinder verlässt, um ein neues Leben mit ihrem Liebhaber zu beginnen – dieses Leben, inspiriert von der Amateurinszenierung des Theaterstückes ›Eurydike‹ von Jean Anouilh, in dem der Liebhaber Regie führt und sie die Hauptrolle spielt, wird anders sein als alles zuvor: *Sie glaubte, dass ihr nie wieder wichtig sein würde, in welchen Räumen sie lebte und was für Sachen sie anzog. Sie würde nicht danach trachten, anderen mit solchen Dingen eine Vorstellung davon zu geben, wer sie war, wie sie war … was sie getan hatte, würde genug sein, würde alles sein.* Am Ende erklärt sie ihren erwachsenen Kindern, *die sie nicht hassen, aber ihr auch nicht vergeben*, dass sie eine Weile lang mit

dem Mann zusammengelebt habe, *der mit dem Thea-*
terstück zu tun hatte. Die Kinder bleiben hier sind des
Ehemanns letzte Worte des Hasses im letzten Tele-
fonat vor der Trennung, der Hass hat kein anderes
Schicksal als die Liebe.

Wären das die Geschichten? Spielt es eine Rolle,
zu sagen, dass ich Alice Munro zum ersten Mal an
einem Sonntag las, fiebernd, im Bett liegend, von ihr
vor der ersten Lektüre nichts wissend außer dem
Hinweis »Eine großartige Autorin!«, dass ich so lag
und las, vier Geschichten hintereinanderweg in einem
Zustand sich steigernder Beunruhigung, von der ich
nicht wusste – sind das die Geschichten, ist das das
Fieber?, und dann das Buch zuschlug, aus dem Fenster sah, ein ganz bestimmtes Gefühl hatte, das, ich
war mir auch nicht sicher – so ähnlich war, als hätte
ich mich mit aller Angst und allem Glück – verliebt?
Meine erste Irritation und Verunsicherung rührte
sicherlich daher, dass Alice Munro im Hinblick auf
den oberflächlichen Inhalt ihrer Geschichten durchaus, wie es ihr manche Kritiker bescheinigen, im
Genre der britischen Mittelklasse-Desillusionierun-
gen bleibt. Liebe als Passion verwirklicht sich in der
Zerstörung der Formen, die sie doch zähmen und
bezwingen sollen. Aber schon das sicherlich kal-
kuliert Formale ihrer Texte, ihre Kunstfertigkeit,
die Handlung kriminalromanhaft zu verrätseln und
blinde Spuren zu legen, die Zeiten und Perspektiven

zu wechseln, das Faktische in der Schwebe und jeden Ausgang offen zu halten, ihre Gabe, die Hauptfiguren durch die Nebenfiguren völlig aus dem Gleichgewicht zu bringen und die dramatischsten Brüche gänzlich beiläufig und selbstverständlich zu präsentieren, ihr Minimalismus der Vermittlung lebenslaufumfassender Unzusammenhänge – all dies Gekonnte schien mir – gänzlich unverhofft und unerwartet – einen Raum zu öffnen jenseits des heute unentrinnbar scheinenden Déjà-vu-Effekts aller literarischen Strategien und jeder formalen Innovation im Besonderen.

Ein *déjà-vu* meint, dass man auch das schon gesehen hat, was man eigentlich noch nie gesehen hat. Vielleicht kann ich hier von einem *ne-jamais-vu* reden, von etwas, das man kennt, und es ist gleichzeitig so, als sähe man es zum allerersten Mal. In die zwangskonventionelle und durchsichtige Textur der Sehnsucht der Erzählerinnen Munros – selten sind Männer die Subjekte der Erzählung –, ihres Scheiterns und ihrer Entstellungen, der Entlarvungen, der Bemühungen und dem Misslingen zu entkommen, sind Fäden eingewoben, traumfarben und ohne Woher und Wohin, Spuren einer eigenen Erinnerung auch, aber keiner, die ich genau benennen könnte. Die tiefe Beunruhigung dieser Geschichten kommt für mich letztlich nicht aus dem gestalteten Schrecken, nicht aus dem Verfehlen, den Unfällen, dem

Mord und Totschlag, der sexuellen Abweichungen, dem Zusammenbruch der bürgerlichen Fassaden. Sie liegt – um eine Annäherung nur zu versuchen – in der Eigentümlichkeit der Figuren, sich zurückzunehmen, die dann Selbstverleugnung und Schonung der anderen allenfalls in einem Nebeneffekt bedeutet und diese auch nicht wirklich meint. Der Perspektivenwechsel Munros findet nicht nur zwischen den Figuren, sondern innerhalb ein und derselben Figur statt, die sich dann eben nicht in Selbstidentität geschweige denn in irgendeiner vermeintlichen Authentizität äußert. Die interne Entwicklung der Geschichte ist eine hin zur Orientierungslosigkeit, zum inneren Exil und zur Auflösung gegenüber allem unerbittlichen So-ist-es und So-soll-es-sein der anderen, an denen sie ihr Glück und auch ihr Leiden hatten. Die zentralen Gestalten haben etwas vom Geheimnis des Schlafwandlers, der seinen Weg durch die Dinge findet, zugleich doch aber in einer eigenen Sphäre lebt, in der er schließlich welteneinsam das nicht mehr ausdrückbare Seine besorgt. Für den Leser bedeutet das, besonders zum jeweiligen Ende der Geschichten hin, fast immer einen Abbruch der Identifikation mit dem erzählenden Ich, der diffus und verwirrend und gerade deshalb doch beglückend und gelungen scheint. In den Momenten des dramatischsten Höhepunktes verschwinden die Figuren sozusagen auf einmal von dem Radarschirm der Beobachtbarkeit, auf dem ihre Bewegungen, wie rätselhaft auch immer, doch bisher zu verfolgen gewesen und in gewisser Weise auch vorhersehbar waren.

Wenn Alice Munros Geschichten enden, die oft so verwirrend beziehungskomplex und vital begannen, gibt es oft weder ein Resultat noch die Möglichkeit sich vorzustellen, dass und wie da etwas weitergehen könnte; die Ratlosigkeit, in der sie den Leser zurücklassen, hält lange an und ist doch seltsam tröstlich. Was ist mit dieser Briefeschreiberin in *Vor dem Wandel*? Am Ende bezeichnet sie sich als glücklich. Es scheint das Glück einer Freiheit zu sein, von der es bei Janis Joplin heißt – freedom is just another word for nothing left to lose. Wird sie den tagebuchartigen Brief an den treulosen Geliebten abschicken? *Geld, Hoffnungen, Liebesbriefe – all diese Dinge können in die Luft geschleudert werden und kommen verändert herunter, ganz leicht und frei von Zusammenhängen …*

Die Kinder bleiben hier – Pauline, die Mutter, die um Orpheus willen ihre Kinder verließ, *nein, nicht seinetwegen, bestimmt nicht*, Pauline trauert, aber nur noch um die Vergangenheit und um keine mögliche Gegenwart mehr. Ist das ein Resultat? Und wenn ja, dann eines, dessen »Gegenwart von was« wesenlos geworden ist. Ihre Kinder erinnern sich an nichts.

Glück und Trauer. Ein siegreiches Gefühl in *Stinkreich*. Über das von ihren Brandwunden wieder genesende Mädchen Karin ist gesagt: *Alle dachten, sie wäre bis auf ihre Haut wieder ganz die alte. Niemand merkte, wie sehr sie sich verändert hatte und wie selbstverständlich es ihr vorkam, vereinzelt zu sein, höflich und geschickt durchs Leben zu gehen. Niemand merkte, welch ein festes, siegreiches Gefühl es ihr manchmal bereitete, sich bewusst zu machen, wie sehr sie auf sich allein gestellt war.*

Und noch einmal, in *Der Traum meiner Mutter*, das sich in sich selbst und zugleich vor sich selbst Zurücknehmen der Frauen – im Wechsel der Perspektive. Die Mutter, die beinahe ihre Tochter umgebracht hätte, streicht ihre Geige im Orchester, hat sich das Rauchen angewöhnt und sich unerklärlicherweise mit ihren Peinigern angefreundet. Die Tochter, ein Mädchen nun, das später diese Geschichte aufschreiben wird, beobachtet das Treiben der hübschen, halbwüchsigen Töchter der neuen Nachbarn – *ich verachtete ihre Eskapaden, denn ich nahm das Leben ernst und hatte eine wesentlich erhabenere und zärtlichere Vorstellung von der Liebe. Ich hätte aber trotzdem gern ihre Aufmerksamkeit errungen. Es wäre schön gewesen, hätten sie mich in meinem bleichen Schlafanzug im Dunkeln umhergehen sehen und vor echtem Entsetzen aufgeschrien, als wäre ich ein Gespenst –* und vielleicht könnte ich, würde mich jemand fragen »Wovon erzählen Alice Munros Geschichten?«, diese Antwort versuchen – der Gespenster erhabene und zärtliche Vorstellung von der Liebe, das ist es, wovon Alice Munros Geschichten erzählen.

Judith Hermann

Alice Munro
Liebes Leben
Erzählungen
Aus dem Englischen von Heidi Zerning
368 Seiten. Gebunden

Das neue Buch der Nobelpreisträgerin Alice Munro

Niemand erzählt eindringlicher davon, wie es wäre, ein neues Leben zu beginnen, als die große kanadische Autorin Alice Munro. »Dir diesen Brief schreiben ist wie einen Zettel in eine Flasche stecken und hoffen, er wird Japan erreichen«, schreibt Greta in der ersten Geschichte und schickt diese Zeilen an Harris, den Zeitungsreporter, der sie nach einer Party fast geküsst hätte. Aber eben nur fast. Auf wenigen Seiten kondensiert Alice Munro die geheimen Träume ihrer Figuren. Vierzehn neue brillante Erzählungen, die mit einem furiosen Finale enden: vier Geschichten, in denen sie so persönlich wie nie (»die ersten und die letzten Dinge, die ich über mein Leben zu sagen habe«) von sich selbst erzählt.

»Munro ist die schonungsloseste Autorin,
die ich kenne, zugleich die zärtlichste, ehrlichste und
aufmerksamste. Ich bin unglaublich glücklich darüber,
dass ihr der Nobelpreis zugesprochen wurde.«
Jeffrey Eugenides

Das gesamte Programm gibt es unter
www.fischerverlage.de

Alice Munro

Die Liebe einer Frau
Drei Erzählungen und ein kurzer Roman
Band 15708

Der Traum meiner Mutter
Erzählungen
Band 16163

Himmel und Hölle
Neun Erzählungen
Band 15707

Tricks
Acht Erzählungen
Band 16818

Wozu wollen Sie das wissen?
Elf Erzählungen
Band 16969

Zu viel Glück
Zehn Erzählungen
Band 18686

Tanz der seligen Geister
Erzählungen
Band 18875

Alle Bände aus dem Englischen von Heidi Zerning

Das gesamte Programm gibt es unter
www.fischerverlage.de